A Crash Course in Chinese as a Foreign Language

对外汉语速成系列教材

Easy Learning Chinese

乐学汉语

进阶篇·第四册 Advanced Course

主　编　鹿钦佞

副主编　何敏　姚远　余宁

编　者　何敏　项晨辰　芦敬　姜春花　鹿钦佞　姚远　余宁

上海外语教育出版社
SHANGHAI FOREIGN LANGUAGE EDUCATION PRESS

图书在版编目（CIP）数据

乐学汉语. 进阶篇. 第4册／鹿钦佞主编；何敏等编著.
—上海：上海外语教育出版社，2022
对外汉语速成系列教材
ISBN　978 – 7 – 5446 – 6953 – 5

I. ①乐⋯ II. ①鹿⋯ ②何⋯ III. ①汉语—对外汉语教学—教材
IV. ①H195.4

中国版本图书馆CIP数据核字(2021)第187180号

出版发行：**上海外语教育出版社**
　　　　　　（上海外国语大学内）　邮编：200083
电　　话：021–65425300（总机）
电子邮箱：bookinfo@sflep.com.cn
网　　址：http://www.sflep.com
责任编辑：杨莹雪

印　　刷：上海龙腾印务有限公司
开　　本：890×1240　1/16　印张 12.75　字数 315千字
版　　次：2022 年 6 月第 1 版　2022 年 6 月第 1 次印刷
书　　号：ISBN 978-7-5446-6953-5
定　　价：68.00 元

本版图书如有印装质量问题，可向本社调换
质量服务热线：4008-213-263　电子邮箱：editorial@sflep.com

前言 Preface

《对外汉语速成系列教材·乐学汉语》（*A Crash Course in Chinese as a Foreign Language · Easy Learning Chinese*）共8册（基础篇1-4册（*Basic Course 1-4*），进阶篇1-4册（*Advanced Course 1-4*）），每册15课。本教材既适合于作为短期汉语口语速成教学教材，也可作为以一学期为单位的汉语口语训练教材，使用本教材的教学单位可以根据实际需要来选择。其中，基础篇第1册适用对象是零起点的汉语初学者，进阶篇第1册适用对象是HSK四级及以上学习者。

本教材节奏明快，讲、学、练紧密结合，可以让学习者在短期内取得明显的进步，特别是在口语表达和听力理解两个方面达到速成的目标。书写与认读方面，教材坚持抓大放小，实事求是，兼顾基础与提高。

一、教材的体例

1. 热身准备：通过看、听、问、答等方式来对本课训练的主要功能项进行课前预备。

2. 课文：进阶篇每课的主课文由短文和对话两部分组成。短文与对话话题相关，短文着重于正式语体成段表达训练，对话更关注会话能力的训练，二者互为补充、相辅相成。为体现教材清晰、明快的特色，每一课不列总生词表，而是在每一段课文之下配该段的生词表。词汇的呈现方式不单单以词汇学意义上的词汇为单位，同时也关照了韵律词汇和心理词汇。

3. 注释：注释是对非重点的语法、词汇和文化常识所做的说明。

4. 语言点讲练：语言点部分"讲"得少而"练"得多，旨在让学生通过练习和观察，运用认知能力来自觉总结语言规则；语言点讲练注重句法、语义和语用的结合，使学生能够正确地理解和运用。

5. 会话实践：这部分其实是主课文（对话／短文）的延伸，通过回答问题、课文练习、活学活用等环节对主课文中的核心句进行反复训练，达到熟能生巧的目的。

6. 练习：对本课的功能项、话题所需要掌握的词、句和表达方式进行集中练习。练习题目形式多样，题量适中，兼顾各种语言要素和语言技能，真正体现精讲多练的原则。

7. 拓展：旨在鼓励学生根据不同情境对本课乃至之前所学词汇、语言表达等进行创造性重组，并综合性运用。温故知新，融会贯通，分享超越，从而顺利将学习内容从课堂延伸至社会生活。

8. 全书后附语言点讲练参考答案（含语言点索引）和总生词表。

二、教材的特色

本教材有以下五个方面的特色。

第一，教材的编写严格依据《国际汉语教学通用课程大纲》《对外汉语汉字与词汇等级大纲》《对外汉语语法大纲》《HSK大纲（词汇、语法）》《欧洲语言共同参考框架》等纲领性文件，在功能确定、话题选择、词汇和语法项目的选取和复现等方面广泛参考当前的研究成果；教材兼顾输入和输出，注重语法、词汇和功能项以滚动、螺旋状方式上升，特别强调学习规律。基础篇1-4册完全覆盖HSK三级的功能、语法和词汇要求，并覆盖部分HSK四级的内容；进阶篇1-4册完全覆盖HSK五级的功能、语法和词汇要求，并覆盖部分HSK六级的内容。进阶篇每册设置15个话题，功能项20个左右，常用词汇450个左右，语言点60条左右。

第二，本教材极具时代性，十分关注当代中国的语言和文化动态。教材对社会生活中出现的新现象、学生迫切需要掌握的时代语言尤为关注，通过前期调研，充分掌握学生需求，对一些新词汇、新表达（例如APP点餐、电话约车、网络订票等）、新颖而重要的功能项目作全面的整理和精心的设计，必要时教材会增加辅助的网络或者手机客户端的操练内容，增强教材的多模态性。课文内容轻松活泼、篇幅短小、新颖有趣，融入了当代中国年轻人的微信社交、网络订餐等生活元素，富有时代感，符合当代人的生活实情，有助于学生在轻松的课堂氛围下高效地开展各种学习活动。

第三，本教材强调实用，在语言风格上追求原汁原味、自然平实的口语表达。教材设计将课文内容与学生可能遇到的各种生活情境相关联，并关注到学生在华期间的出行、社交、娱乐、购物等应急之需。利用目的语环境，将课堂拓展到社会，力求将课堂与社区、社会打通，课堂所学可以马上运用到课下，可以最大程度地帮助学生将所学迁移到真实社会场景中，真正贯彻学以致用的原则；教材中短小实用的句子可以有效激发学生开口说汉语的愿望，提高他们使用汉语的自信。

第四，编写时充分考虑到了教师的教学设计，对于教学过程、教学环节、教学内容、操练方法、拓展训练内容和模式均进行了充分的设计。一切设计围绕学生的训练进行，一切设计服务于课堂教学。对于教师来说，使用本教材极易上手，它完全以学生为中心，教材内容体现了教学内容和教学设计，大大节约了授课教师的备课时间，同时也给教师留足了发挥的余地和收放的空间。

第五，本教材以功能为主线，兼顾语言结构。首先确定学生务必掌握的功能项，在此基础上选择必要的、学生可能感兴趣的话题，最后根据话题的需要，在多种大纲的指导下确定语言点和词汇项，最后编制主课文。教材会根据功能、词汇与语言点项目复杂度与难度的不同进行升级式复现。如前面出现了"服务员"，后面会出现更通行的"帅哥""美女"；在学习过"你好"的问候方式之后，还要学会更多的"明知故问"型的、地道的中国式表达。

三、使用建议

第一，本教材建议课时为：每课4-5课时，每册教学共需约60课时。

第二，教师是课堂活动的组织者，须利用、创造各种机会让学生进行言语操练。特别是主课文教学，教师应当紧紧围绕核心句的理解和表达、语义和语用、语言风格与人物个性等多个角度进行讲练。通过会话实践、练习和拓展等环节，帮助学生掌握课文中的词汇、语法与功能表达。

第三，教材的编写体例已经充分考虑了教学设计，教师完全可以跟着教材的内容次序来开展教学。教师的主观能动性主要体现在主课文讲练中活动的安排上，对词汇或语法内容无需扩充，把握课文重点即可。当然，若学生学有余力，教师不妨围绕话题与功能，再增加其他形式的语言操练活动。

鹿钦佞
2019年3月

目 录 Contents

课 文 Lesson		页 码 Page
第1课	请支持我	1
第2课	我是世界公民，你呢？	13
第3课	让梦想走进现实	27
第4课	申请奖学金	39
第5课	国宝传奇	51
第6课	苏州园林	63
第7课	美国味儿，中国风	75
第8课	说话的艺术	87
第9课	没有小龙虾的夏天……	99
第10课	"云"上生活	111
第11课	双十一	123
第12课	《梁祝》的诞生	135
第13课	有光一生，一生有光	145
第14课	百年好合	155
第15课	中国梦，我的梦！	167

参考答案 179

生 词 表 185

1 请支持我

1.承诺、谦虚、告辞
2.自我推荐
3.久别重逢后的寒暄

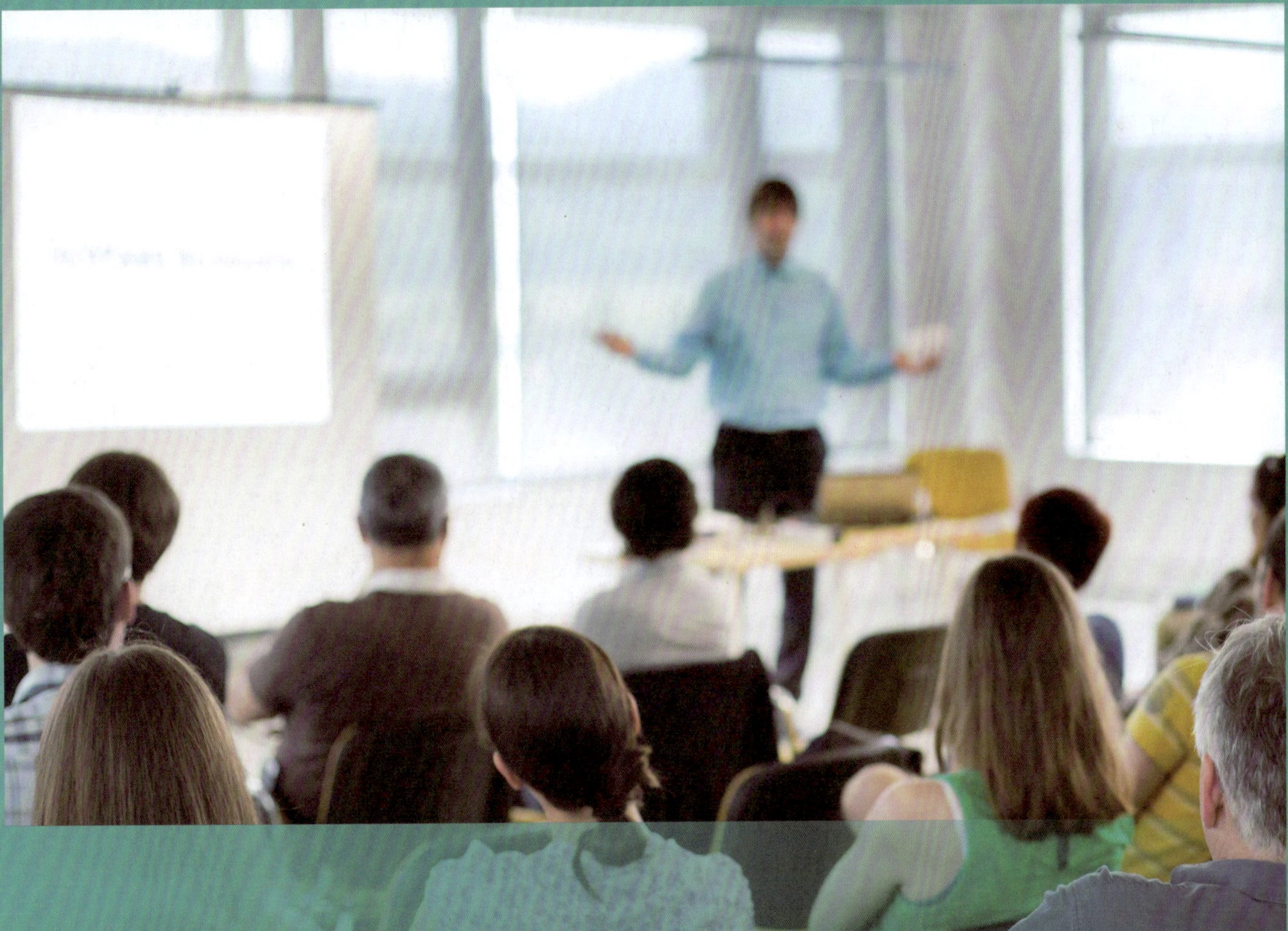

热身准备

猜一猜以下四种人分别是什么意思。

知心人　　　　心上人　　　　过来人　　　　热心人

1. _____是心中爱恋的人。

2. _____是喜欢主动帮助别人、有爱心的人。

3. _____是了解你、懂你的人。

4. _____对某事曾经有过亲身经历和体验的人。

课文一　短文 🎧

（马丁在教室发表班长竞选演讲……）

大家好！我叫马丁。这里是我的中国梦开始的地方。我热爱中国，热爱中文，特别是中国的诗歌。在两千年前的诗歌里，依然可以找到我今天的理想生活。《诗经》里说："执子之手，与子偕老。"别误会，我的心上人其实就是中文。我想牵着她的手，与她白头偕老。

虽然前年我离开了中国，但是中国和中文却从来没有离开过我，所以我又回来了。我对这里的一切感到熟悉而又陌生。我发现中国的面貌正日新月异。今天，我和来自世界各地的你们——中文达人们——相聚在这里。我希望和大家一起感受中国的美好，一起收获一段最美好的回忆。

我年龄不大，去过的地方不少。不管在哪里，我都乐于报名做志愿者，奉献爱心。我在这里生活过、学习过，对各方面的情况都比较了解，所以有信心服务好大家。这是我的承诺。请支持我担任班长一职！

1. 支持	zhīchí	动 (v.)	~工作，互相~，非常~
2. 发表	fābiǎo	动 (v.)	~意见，公开~，正式~
3. 竞选	jìngxuǎn	动/名 (v./n.)	~班长，~演讲；参加~
4. 演讲	yǎnjiǎng	动 (v.)	~比赛，进行~
5. 诗歌	shīgē	名 (n.)	经典~，原创~
6. 理想	lǐxiǎng	形/名 (adj./n.)	~的生活，~的工作；我的~

7. 白头偕老	báitóu-xiélǎo		
8. 陌生	mòshēng	形（adj.）	～的地方，感到～
9. 日新月异	rìxīn-yuèyì		～的面貌，城市发展～
10. 世界各地	shìjiè gèdì		
11. 志愿者	zhìyuànzhě	名（n.）	当～，奥运会～
12. 奉献	fèngxiàn	动（v.）	～爱心，默默～
13. 爱心	àixīn	名（n.）	有～，充满～，一片～
14. 各	gè	代（pron.）	～地，～种，～方面
15. 信心	xìnxīn	名（n.）	很有～，增加～，获得～
16. 承诺	chéngnuò	动/名（v./n.）	～对方，正式～；我的～
17. 担任	dānrèn	动（v.）	～重要工作，～领导

课文二　对话 🎧

马　丁：李老师，好久不见！没想到还能有机会跟您这么优秀的老师学习中文！请您多多指教！

李　东：不敢当，我只是一个普通的中文教师。对了，马丁，祝贺你全票当选班长！

马　丁：李老师，您放心，我保证全心全意为同学们服务，当一个合格的班长。

李　东：我相信你的实力。我们班的同学来自世界各地，有着不同的文化背景，有些人初来乍到，难免会碰到一些困难，特别需要像你这样的热心人帮助他们更好地适应这里的生活和学习。

马　丁：李老师，您过奖了。我是过来人，知道在国外生活挺不容易的。如果同学们有困难，我一定会第一时间去帮助他们，不辜负大家的期望！

李　东：同学们都十分信任你，把你当作知心人。如果你知道同学们对这里有什么不满意的地方，又不方便直接告诉我，也请你转告我。

马　丁：绝对没问题，包在我身上。这是我的荣幸。

（这时，林文丽走过来了……）

林文丽：不好意思，打扰一下。李老师，今天的作业是不是要准备PPT？

李　东：是的。马丁，我还有课，以后我们再找时间聊吧。我就先走一步了。再见！

马　丁：好的。李老师，再见！

林文丽：李老师，慢走！

18.	优秀	yōuxiù	形（adj.）	学习～，～品质，～人才
19.	指教	zhǐjiào	动（v.）	多多～
20.	不敢当	bùgǎndāng	动（v.）	真是～，实在是～
21.	普通	pǔtōng	形（adj.）	
22.	当选	dāngxuǎn	动（v.）	～班长，～为……
23.	全心全意	quánxīn-quányì		
24.	合格	hégé	形（adj.）	～的医生，成绩～
25.	实力	shílì	名（n.）	经济～，～强，有～
26.	初来乍到	chūlái-zhàdào		
27.	困难	kùnnan	名（n.）	遇到～，解决～，许多～
28.	第一时间	dìyī shíjiān		
29.	辜负	gūfù	动（v.）	～期望，～信赖
30.	期望	qīwàng	动/名（v./n.）	～成功；美好的～
31.	包	bāo	动（v.）	～在……身上
32.	荣幸	róngxìng	形（adj.）	感到～，～地邀请到，我的～
33.	先走一步	xiānzǒu yíbù		

注　释

1. 中国梦：中国国家主席习近平提出的重要执政理念。习近平曾在演讲中提出："每个人都有理想和追求，都有自己的梦想。现在大家都在讨论中国梦，我以为，实现中华民族伟大复兴，就是中华民族近代以来最伟大的梦想。"

语言点讲练

一、比喻

比喻是一种常用的修辞手法，用跟A事物有相似之处的B事物来描写或说明A事物。中文中常用的比喻词有"好像""像""仿佛""……一样""……似的"等，有时也可以不用比喻词。

例：

1. 她美得像花儿。
2. 她像花儿一样美丽。
3. 她是我心中最美的花儿。
4. 我的心上人其实就是中文。

这是一首著名的中国民歌，请划出歌词中的比喻句。

在那遥远的地方
中国民歌　王洛宾整理

在那遥远的地方
有位好姑娘
人们走过了她的帐房
都要回头留恋地张望
她那粉红的笑脸
好像红太阳
她那美丽动人的眼睛
好像晚上明媚的月亮
……

说一说。

在相同的情况下，不同的语言、不同的文化可能会使用不同的比喻。请回忆一下在你的母语中是怎么用比喻来描述下列情况的。

1. 他累得像狗一样。_____

2. 她很会说话，嘴像抹了蜜一样甜。_____

3. 天上下起了鹅毛大雪。_____

4. 为了不迟到，他一阵风似的跑到了教室。_____

5. 他见了爸爸像老鼠见了猫似的。_____

二、拟人

拟人是指把事物或动物当作人来描写，使它们具有人的动作、行为、感情的修辞方法。

例：

1. 东风来了，春天的脚步近了。

2. 秋天慢慢地向我们走来，又悄悄地走开了。

3. 我的心上人其实就是中文。我想拉着她的手，与她白头偕老。

> 这是一首著名的中国现代诗歌，请划出诗中的拟人句。

举杯

汪国真

我们为相遇
举起晶莹的酒杯
却不知过去的生活
其实就是这次邂逅的准备
夜，张开黑色的帷幕
月，洒下温柔的清辉
雾袅袅
风微微
涌进心头的是潮水
溢出眼眶的是眼泪

昨天，我们各自
形影相吊
在小路上彷徨
今天，我们手携手
在星光下与清风共醉
人生呵
有多少痛苦
就会有多少欢乐
给你多少磨砺
就会给你多少珠贝

三、"而"

连词，用来连接形容词，"而"前后两部分的意思相反，或后一部分补充说明前一部分的意思。"而"后面可以再加"又"表示强调。如果形容词一个为单音节，一个为双音节，一般单音节在前，双音节在后。如果是两个双音节形容词，前后两部分的意思又是相互补充的话，"而"可以用，也可以不用。

例：
1. 她的眼睛大而明亮。
2. 我对这里的一切感到熟悉而又陌生。

判断句子正误（√、×）。

（　　）1. 中国是一个古老而又现代的国家。
（　　）2. 她是一个聪明美丽的女孩子。
（　　）3. 中文有趣难学。
（　　）4. 衣服不在多，贵在少而精。
（　　）5. 她的眼睛明亮而大。

课文一 会话实践

一、根据课文一的内容回答问题。

1. 马丁特别喜欢中国的诗歌，是吗？
2. 马丁有一个女朋友，她的名字叫中文，对吗？
3. 马丁发现中国的面貌日新月异，是吗？
4. 马丁认为同学们的中文都不错，是吗？

二、根据提示复述课文一。

Ⓐ 两人一组一问一答，根据提示复述课文一。

马丁说这里是什么地方？	他说这里是他的＿＿＿＿开始的地方。
马丁为什么特别喜欢中国的诗歌？	因为在两千年前的诗歌里，马丁依然可以找到他今天的＿＿＿＿。

马丁会一直学习中文吗？	会。他说他的＿＿＿＿＿＿其实就是中文。他想与中文＿＿＿＿＿＿。
马丁对这里的一切都很熟悉吗？	中国的面貌正＿＿＿＿＿＿，所以，虽然马丁来过这里，他对这里的一切感到＿＿＿＿＿＿。
马丁有什么心愿？	他希望和大家一起感受＿＿＿＿＿＿，一起收获一段＿＿＿＿＿＿。
马丁为什么有信心当好班长？	因为他年龄不大，去过的地方＿＿＿＿＿＿。不管在哪里，他都＿＿＿＿＿＿报名做志愿者，奉献＿＿＿＿＿＿。他在这里生活过、学习过，对＿＿＿＿＿＿都比较了解，所以有信心＿＿＿＿＿＿大家。

Ⓑ

　……！我叫马丁。这里是……。我热爱中国，热爱中文，……。在两千年前的诗歌里，……。《诗经》里说："执子之手，与子偕老。"别误会，……。我想……，与她……。

　虽然前年我离开了中国，但是……，所以我又回来了。我对这里……。我发现……。今天，我和……相聚在这里。我希望……，一起……。

　我……，去过的地方不少。不管……，我都……，……。我在这里……，对各方面……，所以……。这是我的承诺。请支持我……！

三、讨论。

如果马丁是你的同学，听了他的演讲，你会选他当班长吗？为什么？

四、活学活用。

模仿课文一，介绍一下自己学习中文的原因和经历。

课文二 会话实践

一、根据课文二的内容回答问题。

1. 马丁以前认识李老师吗？
2. 马丁的同学都和他一样了解这里的情况吗？
3. 马丁当选班长后，李老师对他提出了哪些要求？

二、分角色朗读课文二。

三、根据提示复述课文二。

Ⓐ 两人一组一问一答，根据提示复述课文二。

马丁当上班长后，李老师是怎么向他表示祝贺的？	李老师说："马丁，＿＿＿＿＿＿全票当选班长！"
马丁夸李老师是个优秀的老师，李老师是怎么谦虚地回应的？	李老师说："＿＿＿＿＿＿，我＿＿＿＿＿＿一个普通的中文教师。"
李老师夸马丁是个热心人，马丁是怎么谦虚地回应的？	马丁说："李老师，您＿＿＿＿＿＿了。"
马丁对李老师是怎么承诺的？	马丁说："李老师，您＿＿＿＿＿＿，我＿＿＿＿＿＿全心全意为同学们服务，当一个＿＿＿＿＿＿的班长。" 马丁说："如果同学们有困难，我＿＿＿＿＿＿第一时间去帮助他们，不＿＿＿＿＿＿大家的期望！" 马丁说："包＿＿＿＿＿＿。这是我的荣幸。"
林文丽有事要问李老师，不得不打断马丁和李老师的谈话，她是怎么做的？	林文丽说："不好意思，＿＿＿＿＿＿。"
李老师还有别的事，不能继续和马丁聊天，他是怎么做的？	李老师说："我还有课，以后＿＿＿＿＿＿吧。我就＿＿＿＿＿＿了。再见！"

Ⓑ 根据提示概括课文二的内容。

马丁没想到……，他感到很高兴。他向李老师保证……，当一个合格的班长。有马丁做班长，李老师也很高兴，他知道马丁是一个热心人，一定可以……。他还希望马丁成为同学们的知心人，如果……，也请……。马丁说……，这是……。

四、讨论。

有人夸奖你的时候，你会不会和李老师或马丁一样，说些谦虚的话呢？

五、活学活用。

有人夸奖你的时候，你会说哪些表示谦虚的话呢？请模仿课文进行对话。

练 习

一、模仿例子组词。

1. 达人：　高　人　　　＿＿人　　　＿＿人
2. 希望：　期　望　　　＿＿望　　　＿＿望
3. 先走一步：　先　吃　一　口　　　先　喝　一＿　　　先　说　一＿
4. 知心人：　有心人　　　＿＿人　　　＿＿人

二、有感情地朗读下列句子，注意句子的语气和功能。

1. 请您多多指教！
2. 不敢当，我只是一个普通的中文教师。
3. 您过奖了。
4. 您放心，我保证全心全意为同学们服务，当一个合格的班长。
5. 如果同学们有困难，我一定会第一时间去帮助他们，不辜负大家的期望！

6. 绝对没问题，包在我身上。这是我的荣幸。

7. 以后我们再找时间聊吧。我就先走一步了。再见！

三、头脑风暴：分小组讨论并收集一些用中文进行自我介绍时常用的比喻句。

例：

1. 我每天都快乐得像小鸟一样。

2. 她很会说话，嘴像蜜一样甜。

_____

_____

_____

四、用下列生词和语言点，谈谈你为什么来中国留学。

生词　热爱、理想、日新月异、期望

语言点　比喻、拟人、而

一、辩论：很多人认为谦虚是一种美德，请结合自己的经历谈谈你的观点，全班可分为两队进行辩论。

我的观点	
我的理由	
我的经历	

二、在国外生活并非易事。大家来自世界各地，有着不同的文化背景，有些人初来乍到，难免会碰到一些困难。请分享一下自己克服困难的成功经验，帮助同学们更好地适应这里的生活和学习。

文化拓展

选字组词。

画　雨　牛　火　鱼　霜　雷　水

泪如＿＿＿下　　心如止＿＿＿　　热情似＿＿＿　　冷若冰＿＿＿

多如＿＿＿毛　　如＿＿＿得水　　如＿＿＿贯耳　　风景如＿＿＿

② 我是世界公民，你呢？

1. 开始话题、转移话题
2. 概数表达
3. 城市介绍

猜一猜这些车牌属于哪里，并将车牌和所属城市连线。

京A98SW91

北京

苏A6G8391

杭州

浙A128K91

上海

粤A328S91

苏州

沪AF19691

广州

课文一 短文 🎧

　　上海是中国综合实力最强的国际化大都市之一，也是典型的移民城市。政府数据显示，上海常住人口中有接近1 000万是"新上海人"。如果论籍贯，"老上海人"中，则有85%也来自外地。而目前每年在沪办理各类出入境证件的外国人数量有23万左右，其中常住6个月以上的约为17万，在沪工作的约在9万至10万之间。据估计，在不远的将来，上海外籍移民将多达80万。

这些新移民为上海城市的多元文化发展增添了新的活力，造就了海纳百川的上海城市精神。像上海这样的移民城市中国还有不少，比如北京、成都、深圳、香港、澳门、广州、南京、海口、重庆、乌鲁木齐和桂林等。这些城市都有不一样的精彩移民故事。

1. 公民	gōngmín	名 (n.)		世界~，社会~
2. 国际	guójì	形 (adj.)		~会议，~关系，~化
3. 典型	diǎnxíng	形 (adj.)		~事例，~案例
4. 数据	shùjù	名 (n.)		
5. 人口	rénkǒu	名 (n.)		常住~，城市~，~减少
6. 接近	jiējìn	动 (v.)		
7. 籍贯	jíguàn	名 (n.)		~北京，父母的~
8. 沪	Hù	名 (n.)		
9. 出入境	chūrùjìng	名 (n.)		
10. 数量	shùliàng	名 (n.)		人口~，产品~
11. 为	wéi/wèi	动/介 (v./prep.)		
12. 估计	gūjì	动/名 (v./n.)		~一下；据~
13. 外籍	wàijí	名 (n.)		~学生，~人口
14. 多达	duōdá	动 (v.)		
15. 故事	gùshi	名 (n.)		~精彩，讲~

课文二 对话

（马丁想采访在公园里锻炼的老年人……）

马　丁：您在锻炼哪？

老阿姨：是啊，小伙子，你的中文相当不错。

马　丁：阿姨，您过奖了。我有个问题想问问您，您看起来这么年轻，这个时间怎么会来公园锻炼身体呢？

老阿姨：你真会说话，我已经退休了。你是哪里人？

马　丁：怎么说呢，虽然我的国籍是法国，但是出生在摩洛哥……

老阿姨：摩洛哥？我年轻的时候，看过一部电影叫《卡萨布兰卡》。

15

马　丁：哦，是吗？不过，我在法国长大，在美国上大学，已经去过世界各地许多地方，现在来中国学习中文，我是世界公民。

老阿姨：前年我去了美国，去年我正好去了法国，玩得可痛快了。

马　丁：跑这么远，您绝对是旅游达人。我听说现在特别流行退休以后出国旅游，这事儿您怎么看？

老阿姨：要我说呀，我主张趁走得动，多走走。不是有句话吗，"世界那么大，我想去看看。"我们老年人也要多出去看看。

马　丁：没想到，阿姨人时髦，思想也很时髦啊。冒昧地问一句，您是本地人吗？

老阿姨：不是。我们一家都是新移民。本来，我们计划退休以后周游世界。可是，我女儿在媒体工作，现在正是她发展事业的关键时期。假如工作和家庭常常发生矛盾，那她就没有心情工作了。我们老人也不能太自私，让孩子的前程受到影响。所以呀，现在我甘愿背井离乡来这里给她搭把手，帮她照顾一下家庭……这事儿先不说了，说说你中文怎么学得这么好吧。

马　丁：……

16.	国籍	guójí	名（n.）	中国～，外国～
17.	出生	chūshēng	动（v.）	
18.	摩洛哥	Móluògē	名（n.）	
19.	痛快	tòngkuài	形（adj.）	玩得～，～地答应
20.	主张	zhǔzhāng	动/名（v./n.）	
21.	时髦	shímáo	形（adj.）	～的衣服，思想～
22.	思想	sīxiǎng	名（n.）	传统～，哲学～，表达～
23.	冒昧	màomèi	副（adv.）	
24.	本地	běndì	名（n.）	～人，～话，～特色
25.	计划	jìhuà	动/名（v./n.）	制定～；完成～
26.	发生	fāshēng	动（v.）	～矛盾，～问题
27.	前程	qiánchéng	名（n.）	远大～，～光明
28.	甘愿	gānyuàn	动（v.）	
29.	背井离乡	bèijǐng-líxiāng		也说"离乡背井"
30.	搭	dā	动（v.）	～把手，～车

注 释

1. 海纳百川：大海可以容得下成百上千条江河的水。比喻包容的东西非常广泛，而且数量很大（也指心胸宽广）。

2. 《卡萨布兰卡》：一部以第二次世界大战时的摩洛哥首都卡萨布兰卡为故事背景的经典美国爱情电影。

语言点讲练

一、概数的表示方法

（一）"接近"：一般用于说话人认为是较大数目的数量短语前。

例：接近百人、接近七万人

（二）"左右"：用在数量短语后。"左右"表示时间的概数时，既可以用于时间点，也可以用于时间段。

例：12点左右、12个小时左右、23万左右

（三）"约"：是较正式的用法，用在数量短语前。"约"表示时间的概数时，既可以用于时间点，也可以用于时间段。"约"常常和"为"一起使用。

例：**约12点、约12个小时、约（为）23万**

（四）"在……至……之间"：是较正式的用法，表示数量的变动范围。

例：**在9万至10万之间**

用"接近""左右""约""在……至……之间"回答问题。

1. 你们班现在有多少学生？ _____

2. 你学习中文多长时间了？ _____

3. 你一般几点睡觉？ _____

4. 你的故乡常住人口有多少？ _____

二、"您/你……啊？"

"您/你……啊？"是中国人常用的一种打招呼的方式。话题往往是对方正在做的事、将要做的事或已经完成的事，这样打招呼是为了表示关心和友好。注意关心要恰到好处，还要回避一些令人不舒服或尴尬的话题。语气助词"啊"用在句末或句中，常受前一个字尾音的影响而发生不同的变音，书面上常按变音写成"呀、哇、哪"不同的字：

前一个字的韵母或韵尾	"啊"的发音和写法
a, e, i, o, ü	a → ia 呀
u，ao，ou	a → ua 哇
-n	a → na 哪
-ng	a → nga 啊

例：

1. 看见对方走向教室…… → 上课去呀？（√）

2. 看见对方在跑步…… → 您在锻炼哪？（√）

3. 看见对方在散步…… → 您在散步哇？（√）

4. 看见对方往洗手间走…… → 您去洗手间哪？（×）

根据下列情景，选择合适的话打招呼。

A. 你去锻炼哪？ B. 你去吃饭哪？ C. 你去学习呀？ D. 你出去呀？ E. 你吃过饭了呀？

1. 看见对方在操场打篮球…… → （   ）

2. 看见对方往图书馆里走…… → （   ）

3. 看见对方走出学校…… → （   ）

4. 看见对方走向食堂…… → （   ）

5. 看见对方走出食堂…… → （   ）

三、"不是有句话吗"

在"不是有句话吗"的后面，说话人常常会引用一句名言或流行的话，并在引用之后提出自己的观点。这种用法可以增强观点的说服力。

例：

1. 不是有句话吗，"世界那么大，我想去看看。"我们老年人也要多出去看看。

选择合适的引语，完成句子。

A. "万事开头难。"

B. "少吃多滋味。"

C. "好男儿志在四方。"

D. "上有天堂，下有苏杭。"

E. "路要一步一步走，饭要一口一口吃。"

F. "少壮不努力，老大徒伤悲。"

G. "不经历风雨，怎么见彩虹？"

1. 不是有句话吗，（　　　）中文刚开始学是有点儿难，可是只要坚持学下去，就会越学越有意思。

2. 不是有句话吗，（　　　）所以，大学毕业后，我不想回故乡，要去别的城市工作、生活。

3. 不是有句话吗，（　　　）小笼包我吃一个就够了。

4. 不是有句话吗，（　　　）这次考试没考好没关系，好好准备，下次一定能考好。

5. 不是有句话吗，（　　　）学习中文不能着急，不可能学一天，就有特别大的进步。

6. 不是有句话吗，（　　　）年轻人不努力是不行的。

7. 不是有句话吗，（　　　）我难得来中国一次，一定要去苏州和杭州看看。

课文一 会话实践

一、根据课文一的内容回答问题。

1. 上海是移民城市吗？

2. 上海常住人口接近1 000万，对吗？

3. 现在，上海外籍移民已经多达80万，对吗？

4. 除了上海，中国还有不少移民城市，是吗？

二、根据提示复述课文一。

Ⓐ 两人一组一问一答，根据提示复述课文。

上海是一个什么样的城市？	上海是中国_____最强的国际化_____之一，也是_____的移民城市。
为什么说上海是一个移民城市？	政府_____显示，上海常住人口中有_____1 000万是"新上海人"。如果论_____，"老上海人"中，则有85%也来自外地。 目前每年在沪办理各类_____证件的外国人数量有23万_____，其中常住6个月以上的_____为17万，在沪工作的约在9万至10万_____。 据_____，在不远的将来，上海外籍移民将_____80万。
新移民给上海带来哪些好的影响？	这些新移民为上海城市的_____文化发展增添了新的_____，造就了海纳百川的上海城市_____。
除了上海以外，中国还有别的移民城市吗？	像上海_____的移民城市中国还有不少，_____北京、成都、深圳、香港、澳门、广州、南京、海口、重庆、乌鲁木齐和桂林_____。这些城市都有不一样的精彩移民_____。

Ⓑ

　　上海是中国……，也是……。政府……，上海常住人口中有接近1 000万是"新上海人"。如果……，"老上海人"中，则有85%也来自外地。而目前每年在沪办理各类出入境证件的外国人数量有23万左右，其中常住6个月以上的约为17万，在沪工作的……。据估计，……，上海外籍移民将多达80万。这些新移民为……增添了新的活力，造就了……。像上海……，比如北京、成都、深圳、香港、澳门、广州、南京、海口、重庆、乌鲁木齐和桂林等。这些城市……。

三、讨论。

移民城市有什么特点？你愿意生活在移民城市吗？为什么？

四、活学活用。

模仿课文一，介绍一个有特色的城市。

课文二　会话实践

一、根据课文二的内容回答问题。

1. 老阿姨为什么夸马丁会说话？
2. 马丁为什么说自己是世界公民？
3. 老阿姨理想的退休生活是怎么样的？
4. 老阿姨为什么甘愿背井离乡来这里？

二、分角色朗读课文二。

三、根据提示复述课文二。

Ⓐ　两人一组一问一答，根据提示复述课文二。

马丁在公园里看到一个正在锻炼的老人，他是怎么打招呼的？	马丁说："您在_____哪？"
马丁是怎么开始提问的？	马丁说："我有个问题想_____您，您_____这么年轻，这个_____怎么会来公园锻炼身体呢？"
老阿姨想知道马丁是哪里人，马丁觉得这个问题有点儿复杂，这时他是怎么回答的？	马丁说："_____呢，虽然我的国籍是法国，但是出生在摩洛哥……"

马丁想知道老阿姨对退休以后出国旅游这件事的看法，他是怎么问的？	马丁问："我＿＿＿＿＿＿现在特别流行退休以后出国旅游，这事儿您＿＿＿＿＿＿？"
马丁想问老阿姨一个有点儿敏感的问题，他是怎么问的？	马丁问："＿＿＿＿＿＿地问一句，您是本地人吗？"
老阿姨现在有没有过上理想的退休生活？	没有。＿＿＿＿＿＿，她计划退休以后周游世界。可是，她女儿在媒体工作，现在正是她发展事业的＿＿＿＿＿＿。假如工作和家庭常常发生＿＿＿＿＿＿，那她就没有＿＿＿＿＿＿工作了。老阿姨觉得老人不能太＿＿＿＿＿＿，让孩子的前程＿＿＿＿＿＿影响。所以呀，现在她甘愿＿＿＿＿＿＿来这里给女儿＿＿＿＿＿＿，帮她照顾一下＿＿＿＿＿＿……
老阿姨不想继续说让她有点儿伤感的话题，她想换个话题，她是怎么说的？	老阿姨说："这事儿＿＿＿＿＿＿，＿＿＿＿＿＿你中文怎么学得这么好吧。"

Ⓑ 根据提示概括课文二的内容。

马丁今天在公园里采访老年人。他遇到了一个……，这个老阿姨并不是本地人，她女儿在这里工作，所以老阿姨……，帮助女儿……。马丁听说……，想了解一下……。老阿姨思想很时髦，她主张……，法国和美国她都去过了。她本来计划……，但她的女儿……，现在……。假如……，那……。我们……，让……。所以呀，……，帮……。

四、讨论。

如果你是这个阿姨，你会不会放弃自己周游世界的计划，背井离乡来帮女儿照顾家庭呢？为什么？

五、活学活用。

现在，学习中文的外国人越来越多，模仿课文二，采访一下你的同伴，了解一下他/她对这种现象的看法。

姓名	看法

练 习

一、模仿例子组词。

1. 国际化：<u>商业</u>化　　　_____化　　　_____化
2. 活力：<u>想象</u>力　　　_____力　　　_____力
3. 心情：心<u>态</u>　　　心_____　　　心_____
4. 学习：实<u>习</u>　　　_____习　　　_____习

二、有感情地朗读下列句子，注意句子的语气和功能。

1. 您在锻炼哪？
2. 怎么说呢，虽然我的国籍是法国，但是出生在摩洛哥……
3. 要我说呀，我主张趁走得动，多走走。
4. 不是有句话吗，"世界那么大，我想去看看。"我们老年人也要多出去看看。
5. 冒昧地问一句，您是本地人吗？
6. 我们老人也不能太自私，让孩子的前程受到影响。
7. 这事儿先不说了，说说你中文怎么学得这么好吧。

三、头脑风暴："世界那么大，我想去看看"是一句中国的流行语，你还知道哪些流行语呢？

中国的流行语	其他国家的流行语（翻译成中文）

四、用下列生词和语言点，从北京、上海、成都、深圳、香港、澳门、广州、南京、海口、重庆、乌鲁木齐和桂林等移民城市中选择一个城市，进行介绍。

生词 移民、多元文化、活力、典型

语言点 概数的表示方法、不是有句话吗

拓 展

根据本课学习的内容，设计一个调查问卷，并采访五个以上不同年龄、性别的中国人，了解一下他们对你现在学习、生活的城市有哪些看法。

文化拓展

中国各省市简称列表

北京市（京）	重庆市（渝）	天津市（津）	上海市（沪）	
青海省（青）	四川省（川、蜀）	黑龙江省（黑）	甘肃省（甘、陇）	云南省（滇、云）
湖南省（湘）	陕西省（陕、秦）	河北省（冀）	吉林省（吉）	湖北省（鄂）
广东省（粤）				
贵州省（黔、贵）	江西省（赣）	河南省（豫）	山西省（晋）	山东省（鲁）
辽宁省（辽）	安徽省（皖）	福建省（闽）	江苏省（苏）	浙江省（浙）
海南省（琼）				

新疆维吾尔自治区（新）　　西藏自治区（藏）　　内蒙古自治区（内蒙古）
广西壮族自治区（桂）　　宁夏回族自治区（宁）
香港特别行政区（港）　　澳门特别行政区（澳）　　台湾地区（台）

1. 根据上表调查一下，你所在的城市的车大多来自哪些地方？
2. 中国的五大菜系为：鲁菜、川菜、湘菜、粤菜、闽菜。根据上表你能否在中国地图上标出这些菜系所在地区？

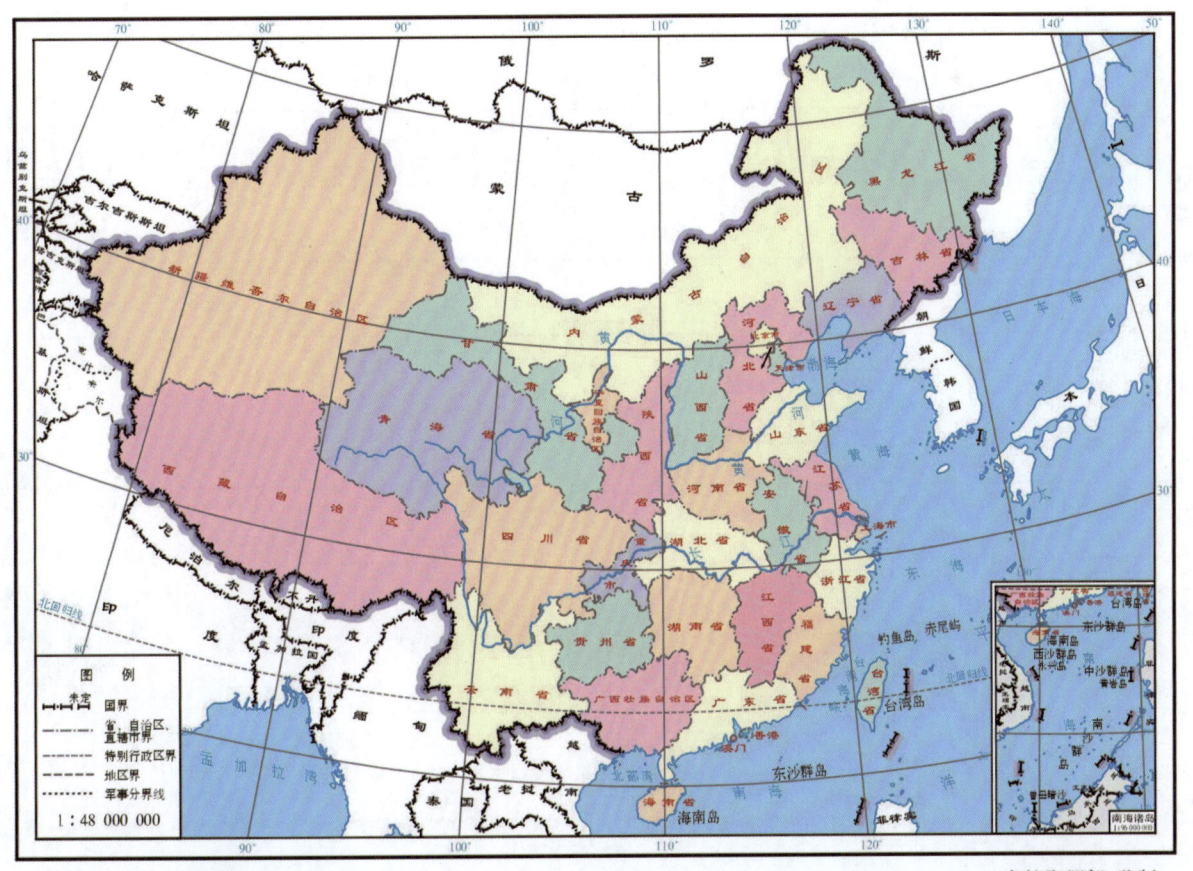

审图号：GS(2016)1600号　　　　　　　　　　　　　自然资源部　监制

③ 让梦想走进现实

1. 发表意见
2. 评论热点新闻
3. 谈论梦想与现实的关系

热身准备

听歌填写歌词

我的未来不是梦

词：陈家丽　曲：翁孝良

你是不是像我在太阳下低头
流着汗水默默辛苦地＿＿＿＿＿＿
你是不是像我就算受了冷漠
也不放弃自己想要的＿＿＿＿＿＿
你是不是像我整天忙着追求
＿＿＿＿＿＿一种意想不到的温柔
你是不是像我＿＿＿＿＿＿茫然失措
一次一次徘徊在十字街头
因为我不在乎别人＿＿＿＿＿＿说
我从来没有＿＿＿＿＿＿我
对自己的＿＿＿＿＿＿
对爱的执着
我知道我的未来不是＿＿＿＿＿＿
我＿＿＿＿＿＿地过每一分钟
我的未来不是梦
我的＿＿＿＿＿＿跟着希望在动
我的未来不是＿＿＿＿＿＿
我＿＿＿＿＿＿地过每一分钟
我的未来不是梦
我的＿＿＿＿＿＿跟着希望在动
跟着希望在动
……

课文一　短文 🎧

　　2015年4月14日，一封辞职信在网络上引起了热议，辞职的理由仅有10个字：世界那么大，我想去看看。河南中学教师顾少强留下这封辞职信，便转身离开了那座熟悉的城市。这件事之所以会成为新闻热点，大概就是因为人们从中获得了鼓舞，它唤醒了深藏在人们心中的梦想。那么，顾少强现在怎么样了？她去了成都，体验了慢节奏的生活；她去了杭州，买最贵的票，独自一个人去看越剧表演；她去了乌镇，感受时光倒流；她去了大连，陶醉在碧海蓝天下……后来，她又去了哈尔滨，不过这次身边多了一个"他"。最后，她去了有"他"的地方，他俩定居成都，开了一家客栈。他们旺季打理客栈，淡季四处旅行。一屋，两人，三餐，四季，和自己喜欢的人在一起，做自己喜欢的事，过自己梦想的生活。顾少强已经勇敢地做到了，你呢？

1. 引起	yǐnqǐ	动 (v.)	～兴趣，～注意，～讨论
2. 热议	rèyì	名 (n.)	引起～
3. 仅	jǐn	副 (adv.)	
4. 转身	zhuǎnshēn	动 (v.)	～离开
5. 新闻	xīnwén	名 (n.)	经济～，爆炸～
6. 热点	rèdiǎn	名 (n.)	社会～，新闻～
7. 鼓舞	gǔwǔ	动 (v.)	～人心
8. 唤醒	huànxǐng	动 (v.)	～梦想，～味蕾
9. 深藏	shēncáng	动 (v.)	
10. 时光	shíguāng	名 (n.)	～倒流，悠闲的～，大好～
11. 碧海蓝天	bìhǎi lántiān		
12. 客栈	kèzhàn	名 (n.)	一家～，网红～
13. 打理	dǎlǐ	动 (v.)	～公司，～生意，～自己
14. 淡季	dànjì	名 (n.)	旅游～，销售～
15. 四处	sìchù	名 (n.)	～打听，～转转

注　释

越剧：发源于浙江，为中国五大戏曲剧种（京剧、越剧、黄梅戏、评剧、豫剧）之一。

课文二　对话 🎧

（今天班级讨论的话题是：你会不会像顾少强一样勇敢地追求梦想呢？）

马　　丁：我的选择和顾少强是相同的，我一定会毫不犹豫地追求梦想。因为追求梦想失败了可能会后悔一两年，而放弃梦想一定会后悔一辈子。

山口和也：梦想固然美好，但是我已经到了应该承担责任的年龄了。因此，我当然更倾向于过
　　　　　稳定的生活。

林 文 丽：追求梦想需要勇气，也可能会付出很大的代价，而且你喜欢的未必真的适合你。所
　　　　　以，如果没有决心和付出代价的准备，不如就把梦想深藏在心中吧。

李 文 泰：我也有同感。通向梦想的路上不都一帆风顺，甚至可能白费工夫。与其如此，不如
　　　　　选择在平凡的生活中寻找乐趣，享受人生，感受幸福。

卡 米 拉：听说进入社会以后，生活往往会起起落落。尽管梦想与现实总有一定的差距，不过
　　　　　没关系，梦想永远会带给我继续前进的力量。不是有句话吗，"不经历风雨，怎么
　　　　　见彩虹？"为了认识未知的自己和更好的自己，我想我会像顾少强一样勇敢地朝着
　　　　　梦想前进，努力让梦想走进现实！

16.	相同	xiāngtóng	形 (adj.)	～的看法，～的爱好，～的地方
17.	毫不犹豫	háobù-yóuyù		
18.	一辈子	yíbèizi	名 (n.)	相处～，～的朋友
19.	固然	gùrán	连 (conj.)	
20.	倾向	qīngxiàng	动 (v.)	～于
21.	付出	fùchū	动 (v.)	～代价，～感情，～时间
22.	代价	dàijià	名 (n.)	巨大的～，生命的～
23.	一帆风顺	yìfān-fēngshùn		
24.	工夫	gōngfu	名 (n.)	花～，白费～
25.	平凡	píngfán	形 (adj.)	～的生活，～的人
26.	乐趣	lèqù	名 (n.)	享受～，充满～，学习的～
27.	起起落落	qǐqǐ luòluò		
28.	差距	chājù	名 (n.)	有～，产生～，～很大
29.	力量	lìliàng	名 (n.)	爱情的～，～很大，有～
30.	彩虹	cǎihóng	名 (n.)	一道～，美丽的～，雨后～
31.	未知	wèizhī	名 (n.)	
32.	朝	cháo	介 (prep.)	～（着）

语言点讲练

一、排比

排比是指将三个或三个以上结构相同或相似、语气一致、语义关系或为并列或为递进的句子（或句子成分）排列起来的修辞方式。排比多用于抒情或说理，来加强语势或深化语意，是一种重要的连接句子的手段。

例：

1. 心中的苦闷不在家信中发泄，又哪里去发泄呢？孩子不向父母诉苦向谁诉呢？我们不来安慰你，又该谁来安慰你呢？（摘自《傅雷家书》）

2. 成就的大小、高低，是不在我们掌握之内的，一半靠人力，一半靠天赋，但只要坚强，就不怕失败，不怕挫折，不怕打击——不管是人事上的，生活上的，技术上的，学习上的——打击；从此以后你可以孤军奋斗了。（摘自《傅雷家书》）

3. 她去了成都，体验了慢节奏的生活；她去了杭州，买最贵的票，独自一个人去看越剧表演；她去了乌镇，感受时光倒流；她去了大连，陶醉在碧海蓝天下……

（按要求造句。）

来到中国以后，你一定去过不少有意思的地方，做过不少有意思的事，也有不少收获。请模仿例3，用"我去了……，……"结构造一个排比句。

二、"固然……，但是（可是/不过）……"

"固然……，但是（可是/不过）"表示先承认某个事实，然后提出另一种看法。它是一种委婉地提出意见的方式。

例：

1. 价格竞争**固然**不可少，**但是**服务竞争同样十分重要。

2. 就目前已经出版的一些中文词典来看，质量好的或较好的**固然**不少，**可是**也有不少词典的质量还不能令人满意。

3. 梦想**固然**美好，**但**我已经到了应该承担责任的年龄了，因此，我当然更倾向于过稳定的生活。

用"固然……，但是（可是/不过）……"完成下列对话。

1. A：手机给我们的生活带来了许多方便。

   B：_____

2. A：年轻人就应该追求自己的梦想。

   B：_____

3. A：在中国，大部分老年人甘愿放弃自己理想的退休生活，帮助子女照顾家庭。

   B：_____

三、"v.+于"

"于"作为介词，在汉语书面语中用法非常丰富，在"v.+于"中，"于"相当于"到、在"，用来引出动作的方向或目标。

例：用于、生于、倾向于

选词填空。

用于　　　倾向于　　　生于　　　建于　　　定于

1. 汉语拼音现在被广泛_____国际中文教学。

2. 孔子_____公元前551年9月28日。

3. 上海玻璃博物馆_____2011年，曾被媒体评选为中国最不容错过的三个博物馆之一。

4. 据悉，第24届冬奥会_____2022年2月4日至2022年2月20日在中国举行。

5. 近年来，中国游客出国旅游模式开始悄然发生变化，更多的游客_____"多样化"和"深度游"。不少游客希望根据自己的喜好，选择路线和景点。

课文一 会话实践

一、根据课文一的内容回答问题。

1. 这封引起热议的辞职信一共有几个字?
2. 这名留下辞职信的老师叫什么名字?
3. 她在辞职信上写了什么?
4. 这次辞职事件为什么会成为新闻热点?

二、根据提示复述课文一。

Ⓐ　2015年4月14日,一封辞职信在网络上引起了＿＿＿＿＿＿,辞职的＿＿＿＿＿＿仅有
10个字:世界那么大,我想去看看。河南中学教师顾少强留下这封辞职信,便＿＿＿＿＿＿
离开了那座熟悉的城市。这件事之所以会成为＿＿＿＿＿＿,大概就是因为人们从中获得了
＿＿＿＿＿＿,它＿＿＿＿＿＿了深藏在人们心中的梦想。那么,顾少强现在怎么样了?她去
了成都,体验了慢节奏的＿＿＿＿＿＿;她去了杭州,买最贵的票,＿＿＿＿＿＿一个人去看
越剧表演;她去了乌镇,感受＿＿＿＿＿＿;她去了大连,＿＿＿＿＿＿在碧海蓝天下……
后来,她又去了哈尔滨,不过这次身边多了一个"他"。最后,她去了有"他"的地方,他
俩定居成都,开了一家＿＿＿＿＿＿。他们旺季＿＿＿＿＿＿客栈,淡季＿＿＿＿＿＿旅
行。一屋,两人,三餐,四季,和自己喜欢的人在一起,做自己＿＿＿＿＿＿的事,过自己
＿＿＿＿＿＿的生活。顾少强已经勇敢地＿＿＿＿＿＿了,你呢?

Ⓑ　2015年4月14日,一封辞职信……,辞职的理由仅有10个字:……,
……。河南中学教师顾少强留下这封辞职信,……。这件事之所以会
成为新闻热点,大概……,……。那么,……?她去了成都,……;
她去了杭州,……,独自……;她去了乌镇,……;她去了大连,陶
醉在碧海蓝天下……后来,她又去了哈尔滨,不过这次身边多了一
个"他"。最后,……,他俩定居成都,开了一家客栈。他们旺季
……,淡季……。一屋,两人,三餐,四季,和自己喜欢的人在一
起,……,过自己梦想的生活。……,你呢?

三、讨论。

如果顾少强的辞职信事件发生在你们国家，会不会成为新闻热点？为什么？

四、活学活用。

模仿课文一，介绍一下你们国家最近的新闻人物。

课文二 会话实践

一、根据课文二的内容回答问题。

1. 马丁倾向于追求自己的梦想，是吗？
2. 山口和也的选择和马丁的选择相同吗？
3. 林文丽认为追求梦想必须先做好付出代价的准备，对吗？
4. 卡米拉认为梦想与现实之间的差距总是太大，对吗？

二、分角色朗读课文二。

三、根据提示复述课文二。

Ⓐ 五人一组，根据提示复述课文。

 马丁

○ 我的选择和顾少强是＿＿＿＿＿＿的，我一定会＿＿＿＿＿＿地追求梦想。因为追求梦想失败了可能会后悔＿＿＿＿＿，而放弃梦想一定会后悔＿＿＿＿＿。

 山口和也

○ 梦想＿＿＿＿＿美好，但是我已经到了应该承担责任的＿＿＿＿＿了，因此，我当然更＿＿＿＿＿过稳定的生活。

 林文丽

○ 追求梦想需要勇气，也可能会＿＿＿＿＿很大的代价，而且你喜欢的＿＿＿＿＿真的适合你。所以，如果没有决心和付出代价的＿＿＿＿＿，不如就把梦想深藏＿＿＿＿＿吧。

 李文泰

○ 我也有＿＿＿＿＿。通向梦想的路上不都＿＿＿＿＿，甚至可能＿＿＿＿＿。与其如此，不如选择在平凡的生活中寻找＿＿＿＿＿，享受＿＿＿＿＿，感受＿＿＿＿＿。

 卡米拉

○ 听说进入社会以后，生活＿＿＿＿＿起起落落。尽管梦想与现实总有一定的＿＿＿＿＿，不过没关系，梦想永远会带给我继续前进的＿＿＿＿＿。不是有句话吗，"不经历风雨，怎么见彩虹？"为了认识＿＿＿＿＿的自己和更好的自己，我想我会像顾少强一样勇敢地朝着梦想前进，努力让梦想走进现实！

B 根据提示概括课文二的内容。

　　今天班级里展开了关于梦想的讨论。马丁和卡米拉的选择和顾少强是相同的。马丁说他会……，因为……，而……。在卡米拉看来，……，尽管……，不过……，……。她说……，……。为了……，……。而其他同学对梦想却有不同的看法。山口和也的选择是……。他说……，……。林文丽的想法比较实际，……，……，……。李文泰倾向于享受平凡的生活，他的理由是……，……，与其如此，不如……，……，……。

35

四、讨论。

你更认同对话中谁的观点？为什么？

五、活学活用。

你的朋友是大学三年级的学生，现在他打算放弃自己的学业，来中国留学。请模仿课文二，给他一点建议。

一、模仿例子组词。

1. 辞职：　就　职　　　　　　　　　　　＿＿＿＿职　　　　　　　　　　　＿＿＿＿职
2. 毫不犹豫：毫不　关心　　　　　毫不＿＿＿＿＿＿　　　　　毫不＿＿＿＿＿＿
3. 白费工夫：白费　时间　　　　　白费＿＿＿＿＿＿　　　　　白费＿＿＿＿＿＿
4. 固然：　显　然　　　　　　　　　　　＿＿＿＿然　　　　　　　　　　　＿＿＿＿然

二、有感情地朗读下列句子，注意句子的语气和功能。

1. 我的选择和顾少强是相同的。
2. 追求梦想失败了可能会后悔一两年，而放弃梦想一定会后悔一辈子。
3. 如果没有决心和付出代价的准备，不如就把梦想深藏在心中吧。
4. 我也有同感。
5. 与其如此，不如选择在平凡的生活中寻找乐趣，享受人生，感受幸福。
6. 尽管梦想与现实总有一定的差距，不过没关系，梦想永远会带给我继续前进的力量。
7. 我想我会像顾少强一样勇敢地朝着梦想前进，努力让梦想走进现实！

三、用下列生词和语言点，谈谈怎么样才能让梦想走进现实。

生词　差距、决心、准备、一帆风顺、现实

语言点　排比；固然……，但是（可是/不过）……；v.+于

四、头脑风暴：分小组讨论，分享你所知道的与梦想或理想有关的名人名言，并用中文记录下来。

_____

_____

_____

拓　展

一、小组讨论并汇报：有人说"理想很丰满，现实很骨感"，谈谈你对这句话的理解。

....
....
....
....
....
....
....
....
....

二、辩论：生活中有些人会为了追求梦想而放弃稳定的生活，这么做到底值不值得？请结合自己的经历谈谈你的观点，全班可分为两队进行辩论。

我的观点	
我的理由	
我的经历	

汉语中有不少带数字的词语，猜猜下列常用的数字词语分别是什么意思，并挑出自己最喜欢的词语与同学交流分享。

1：一心	一辈子	一帆风顺
2：二流	二手货	二人世界
3：三思	一日三餐	一日不见，如隔三秋
4：四处	四季	四面八方
5：五岳	五颜六色	五花八门
6：六六大顺	六亲不认	
7：乱七八糟	七嘴八舌	
8：七上八下	半斤八两	八仙过海
9：九牛一毛	九死一生	
10：十字路口	十全十美	

我最喜欢的带数字的词语有：_____

我喜欢这些词语的理由是：_____

4 申请奖学金

1.引入话题、结束话题
2.申请奖学金
3.面试

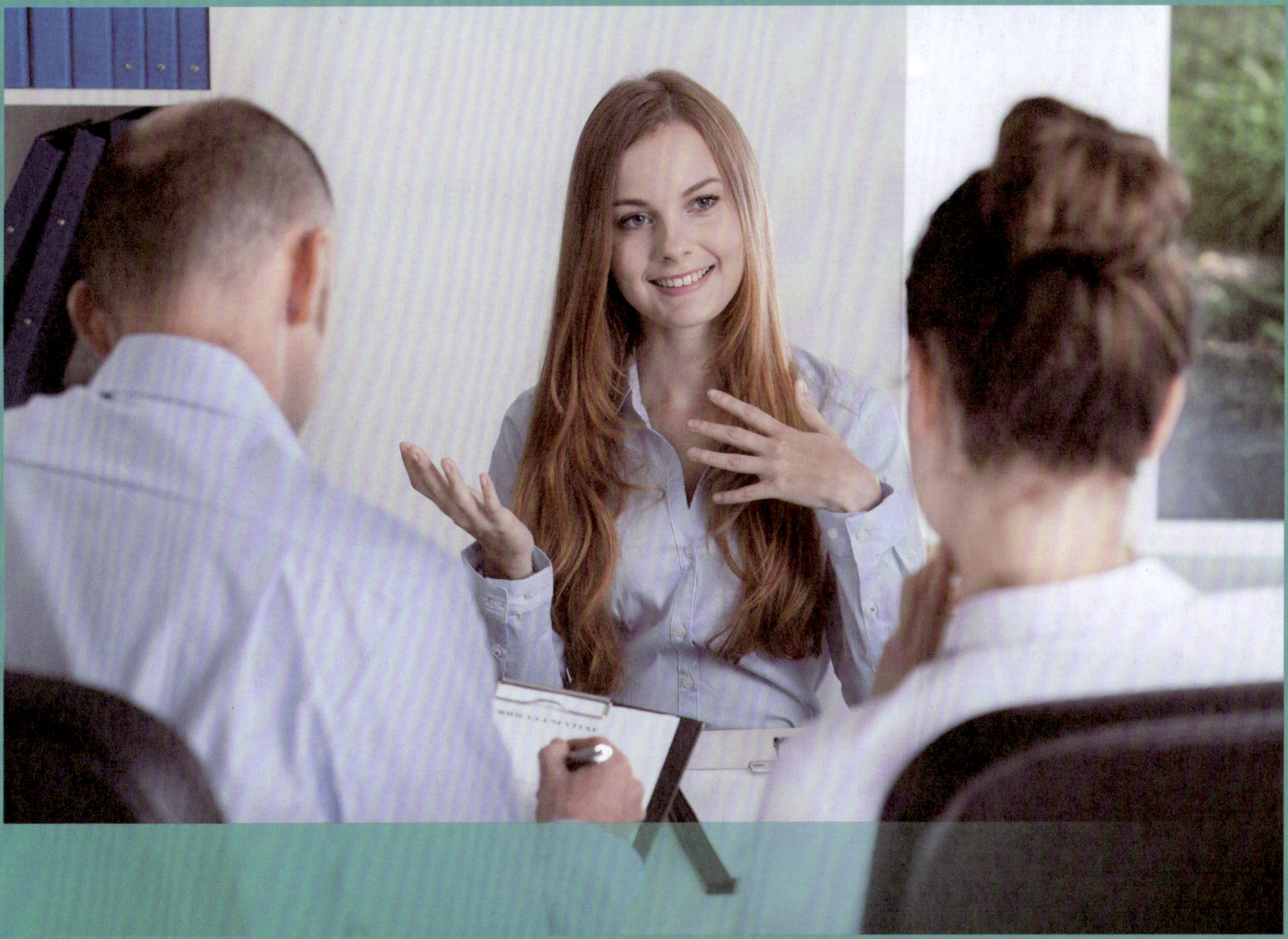

热身准备

1. 圈出最能代表自己的词或词组（可以多选）

优秀　　出色　　好学　　勤奋　　乐观　　热心　　勇敢　　快乐　　敏感

学习能力比较强　　成绩优异　　适应性强

有绘画/数学/语言/运动/音乐天赋　　能合理安排好生活　　能愉快地挑战自我

2. 用圈出的词或词组向全班同学做一个简单的自我介绍。

课文一　短文 🎧

（申请奖学金时的自荐信）

尊敬的老师：

　　您好！

　　我是卡米拉，这个名字在西班牙语里的意思是有艺术天赋的女孩子。父母之所以给我起这个名字，是因为我母亲是一位出色的舞蹈家。我本科学习的专业是艺术教育。

　　我是个好学、乐观的人。一方面，我不仅热爱中文，而且学习能力比较强。我中文成绩较为优异，常常是全班第一名，并获得了"汉语桥"比赛秘鲁赛区的冠军。另一方面，我适应性强，总是可以合理安排好生活，平衡好各方面的关系，愉快地挑战自我。我从小就学习芭蕾舞，后来又发现了中国民族舞蹈的独特魅力，于是开始接触中国文化艺术。这次"汉语桥"比赛的才艺展示，我跳的就是孔雀舞。我还要补充的是，这些活动丝毫没影响我准备HSK。

　　中国现在正处于黄金时代，而且前途光明。留学中国对我的人生意义十分重大，学习中文以来，我迫切希望到中国留学并且为之付出了所有的努力。我相信，虽然中国很遥远，可是我的中国梦并不遥远。假如贵校能给我提供这个珍贵的机会，让我继续深造，我一定会格外珍惜。我保证会充分发挥自己的优势，勤奋学习，传播文化，为增进中秘两国友谊做出贡献！此致

敬礼！

申请人：卡米拉

2020年5月4日

1. 自荐信	zìjiàn xìn	名 (n.)	
2. 艺术	yìshù	名 (n.)	
3. 天赋	tiānfù	名 (n.)	一种~，有~，艺术~
4. 舞蹈	wǔdǎo	名 (n.)	~家，一段~，~学校
5. 本科	běnkē	名 (n.)	~生，大学~，读~
6. 较为	jiàowéi	副 (adv.)	
7. 优异	yōuyì	形 (adj.)	~的成绩，表现~
8. 冠军	guànjūn	名 (n.)	世界~，全国~，获得~
9. 适应性	shìyìngxìng	名 (n.)	~强
10. 芭蕾舞	bāléiwǔ	名 (n.)	
11. 民族	mínzú	名 (n.)	一个~，~文化，~舞蹈
12. 才艺	cáiyì	名 (n.)	展示~，~表演
13. 展示	zhǎnshì	动 (v.)	~产品，~能力，~实力
14. 孔雀	kǒngquè	名 (n.)	
15. 黄金时代	huángjīn shídài	名 (n.)	
16. 十分	shífēn	副 (adv.)	~方便，~适合，~重要
17. 以来	yǐlái	名 (n.)	一直~，毕业~，长期~
18. 迫切	pòqiè	形 (adj.)	~希望，~需要，心情~
19. 所有	suǒyǒu	形 (adj.)	~的努力，~的事情，~的东西
20. 珍贵	zhēnguì	形 (adj.)	特别~，~的机会，~的东西
21. 深造	shēnzào	动 (v.)	继续~，到……~
22. 传播	chuánbō	动 (v.)	~文化，~消息，迅速~
23. 增进	zēngjìn	动 (v.)	~友谊，~感情
24. 贡献	gòngxiàn	动/名 (v./n.)	~力量；巨大的~，个人~
25. 敬礼	jìnglǐ	动 (v.)	此致……~，向……~

注 释

汉语桥："汉语桥"系列中文比赛包括"汉语桥"世界大学生中文比赛、"汉语桥"世界中学生中文比赛和"汉语桥"全球外国人汉语大会三项赛事。

课文二 对话 🎧

（面试……）

卡米拉：老师好！我叫卡米拉，感谢贵校接受我的申请，给我这个面试机会。

老　师：卡米拉，你好！欢迎参加奖学金面试。你的自荐信我们都看过了，你在信中说到，来中国留学后，一定会充分发挥自己的优势，勤奋学习。我想了解一下，你有哪些优势呢？

卡米拉：老师好，在我看来，我至少有以下三个优势。一是我为人乐观，对中文学习热情高；二是我学习中文的能力比较强；三是我适应性比较强，比较会合理安排生活。这些必定都可以帮助我专心学好中文。

老　师：既然如此，那我们就来探讨一下，假如你把中文学好了，你有什么打算呢？

卡米拉：我打算获得学位以后，回国教授中文，帮助更多的人学好中文。

（卡米拉与面试老师继续探讨了专业知识……）

老　师：好，我了解了。因为时间关系，今天的面试就到这儿吧。卡米拉，再次感谢你参加奖学金面试。

卡米拉：谢谢老师，您辛苦啦。

26.	接受	jiēshòu	动 (v.)	～申请，～道歉
27.	至少	zhìshǎo	副 (adv.)	
28.	以下	yǐxià	名 (n.)	
29.	必定	bìdìng	副 (adv.)	
30.	如此	rúcǐ	代 (pron.)	
31.	学位	xuéwèi	名 (n.)	取得～，～证书
32.	探讨	tàntǎo	动 (v.)	～问题，深入～，热烈～

语言点讲练

一、"之"

"之"在现代书面语中使用广泛。

在汉语中，"主语+谓语"就可以构成一个句子。但是在书面语中，助词"之"用在主语和谓语中，"主语+之+谓语"就不能成为一个句子，而只能是句子的一个部分。

例：人生之短暂，如同朝阳下的露水。

"之"作为助词，也可以用在定语和中心语之间，构成一个词组，相当于口语中的"的"。

例：三分之一、百分之五、千分之九、勇敢之意、无价之宝

"之"作为代词，可以表示前文中提到的某个词或词组。

例：学习中文以来，我迫切希望<u>到中国留学</u>并且为之付出了所有的努力。

二、句子衔接——解说

在汉语中，有一种非常重要的衔接句子的方法——解说，这种方法利用句子之间存在的解释、说明、概括的关系，把分句或句子连接起来。有以下两种情况：

（一）两个分句。如果内容对等，那么分句之间常用"就是""这就是说""换句话说"等词语连接。

例：字如其人，换句话说，也就是什么样的人写什么样的字。

（二）"总分式"解说。包括"总"和"分"两个部分。如果是"先总后分"，那么，"分"的部分多有"一方面……""另一方面……""一……""二……""三……"等提示词。如果是"先分后总"，"分"和"总"之间常用"这是"等连接。

例：

> 收集一下班级同学的中文名字，用解说的方式总结一下这些名字的命名方式，并举例说明。

外国人起中文名字一般有四种方法。一是起一个与母语名发音相似的名字。例如"Richard Stone"就可以叫"理查德·斯通"。二是根据母语名的寓意找相关的汉字。例如，"Richard"有勇敢之意，"Stone"就是"石头"，"Richard Stone"就可以叫"石勇"。三是选取对自己有特殊意义的汉字。例如，有的人特别喜欢中国古代的女英雄花木兰，就给自己起名"木兰"。四是混合式。如"Richard Stone"也可以直接叫做"李勇"。

课文一 会话实践

一、根据课文一的内容回答问题。

1. 卡米拉这个名字在中文里有特别的意思，对吗？
2. 卡米拉认为自己是一个好学、乐观的人，对吗？
3. 卡米拉会跳孔雀舞吗？
4. 卡米拉迫切希望到中国留学，对吗？

二、根据提示复述课文一。

Ⓐ 两人一组一问一答，根据提示复述课文一。

卡米拉这个名字有什么特别的意思？	这个名字在西班牙语里的意思是有_____天赋的女孩子。

卡米拉认为自己是个好学的人，你同意吗？	同意。她不仅热爱中文，而且学习＿＿＿＿＿＿比较强。她中文成绩＿＿＿＿＿＿优异，常常是全班第一名，并获得了"汉语桥"比赛秘鲁赛区的＿＿＿＿＿＿。
卡米拉说她总是可以合理安排好生活，平衡好各方面的关系，愉快地挑战自我，这是为了说明什么？	这是为了说明她＿＿＿＿＿＿强，为人乐观。
卡米拉为什么想来中国留学？	因为她认为中国现在正处于＿＿＿＿＿＿，而且前途光明。
在自荐信的最后，卡米拉写了什么问候语？	此致……＿＿＿＿＿＿！

Ⓑ

　　我是卡米拉，这个名字……是有艺术天赋的女孩子。父母之所以给我起这个名字，是因为……。……是艺术教育。
　　我是个……。一方面，……，而且……。我……，常常……，并……。另一方面，我……，总是……，平衡……，愉快地……。我从小就学习芭蕾舞，后来……，于是……。这次"汉语桥"比赛的才艺展示，……。我……，这些活动丝毫没影响我准备HSK。
　　中国现在……，而且……。留学中国……，……以来，我迫切希望……。我相信，……，……。假如……，让我……，我一定会……。我保证会……，勤奋学习，……，为……！

三、讨论。

如果你是看信的人，卡米拉的自荐信会给你留下什么样的印象？为什么？

四、活学活用。

模仿课文一，介绍一下自己的名字（或中文名字）的意思。

课文二 会话实践

一、根据课文二的内容回答问题。

1. 卡米拉正在参加一个工作面试，是吗？
2. 卡米拉认为自己只有三方面的优势，对吗？
3. 卡米拉理想的工作是不是中文教师？

二、分角色朗读课文二。

三、根据提示复述课文二。

Ⓐ 两人一组一问一答，根据提示复述课文二。

老师想请卡米拉具体介绍一下她留学中国的优势，老师是怎么说的？	老师说："你在信中＿＿＿＿＿＿，来中国留学后，一定会充分＿＿＿＿＿＿自己的优势，勤奋学习。我想＿＿＿＿＿＿一下，你有哪些优势呢？"
卡米拉是怎么回答老师的问题的呢？	卡米拉说："老师好，在我看来，我＿＿＿＿＿＿有以下三个优势。一是我为人＿＿＿＿＿＿，对中文学习＿＿＿＿＿＿高；二是我学习中文的＿＿＿＿＿＿比较强；三是我＿＿＿＿＿＿比较强，比较会合理安排生活。这些必定都可以帮助我＿＿＿＿＿＿学好中文。"
老师想了解一下卡米拉学好中文后的计划，老师是怎么提问的？	老师问："既然＿＿＿＿＿＿，那我们就来＿＿＿＿＿＿一下，＿＿＿＿＿＿你把中文学好了，你有什么＿＿＿＿＿＿呢？"
面试时间到了，老师说了什么话来礼貌地结束这次面试？	老师说："好，我＿＿＿＿＿＿了。因为＿＿＿＿＿＿关系，今天的面试就到＿＿＿＿＿＿吧。"

Ⓑ 根据课文二，帮卡米拉完成她的日记。

　　今天，我参加了一个奖学金面试，感觉自己发挥得很不错。首先，我告诉面试老师，对于留学中国，我至少有以下三个优势。一是……，……；二是……；三是……，会……。这些……。然后，我回答了老师的第二个问题，这个问题和我将来的人生规划有关。我的人生规划就是获得学位以后，……，……。最后，我还与面试老师……

四、讨论。

你认为卡米拉在面试中发挥得好吗？为什么？

五、活学活用。

如果是你参加奖学金面试，你会说些什么呢？如果你是面试老师，你会问面试者哪些问题呢？请模仿课文二进行对话。

练 习

一、模仿例子组词。

1. 好学：好 吃　　　好____　　　好____
2. 贵校：贵 姓　　　贵____　　　贵____
3. 面试：　笔 试　　　____试　　　____试
4. 以上：以 外　　　以____　　　以____

二、有感情地朗读下列句子，注意句子的语气和功能。

1. 我是卡米拉，这个名字在西班牙语里的意思是有艺术天赋的女孩子。
2. 我不仅热爱中文，而且学习能力比较强。
3. 我还要补充的是，这些活动丝毫没影响我准备HSK。

4. 中国现在正处于黄金时代，而且前途光明。

5. 假如贵校能给我提供这个珍贵的机会，让我继续深造，我一定会格外珍惜。

6. 感谢贵校接受我的申请，给我这个面试机会。

7. 因为时间关系，今天的面试就到这儿吧。

三、头脑风暴：分小组讨论并收集一些用中文进行自我介绍时能给人留下深刻印象的好词好句。

_____

_____

_____

四、用下列生词和语言点，详细介绍一下自己的优点。

生词　优秀、出色、好学、勤奋、乐观、热心

学习能力比较强、成绩优异、适应性强

有绘画/数学/语言/运动/音乐天赋、能合理安排好生活、能愉快地挑战自我

语言点　之

（提示：兴趣之广/大/多/浓，热爱之深，中文之重要，乐趣之多，中文之魅力，兴趣之一）

拓　展

一、辩论：有人认为学习中文就必须起一个有中国特色的中文名字，如陈安忆、田芳菲等。请结合自己的选择和经历谈谈你的观点，全班可分为两队进行辩论。

我的观点	
我的理由	
我的经历	

二、请分享一下自己参加面试的成功经验。

文化拓展

中国自古以来就是一个礼仪之邦，中国礼仪文化的核心之一是"敬人谦己"，体现在汉语称谓语中则是对称用敬词，自称用谦词。

例：

对方父亲：令尊

对方母亲：令堂

对方丈夫：您家先生　　你们家先生

对方妻子：尊夫人　　您家太太　　你们家太太

对方儿子：令郎　　贵公子　　您家公子　　你们家公子

对方女儿：令爱　　贵千金　　您家千金　　你们家千金

自己父亲：家父　　我爸（爸）

自己母亲：家母　　我妈（妈）

自己丈夫：外子　　我先生　　我老公

自己妻子：内人　　我太太　　我老婆

自己儿子：犬子　　小儿　　我儿子　　我们家小孩

自己女儿：小女　　我女儿　　我们家小孩

5 国宝传奇

1. 描述、称赞
2. 介绍艺术品
3. 介绍人物生平及成就

热身准备

1. 你见过这种鸟吗？
2. 这种鸟叫什么名字？
3. 这种鸟用中文怎么说？你能在课文生词表中找到这个词吗？
4. 这种鸟在你们国家有什么特别的意义吗？

课文一 短文 🎧

　　这件高46厘米、重16.7公斤的青铜器像什么动物？恭喜你，猜对了！是鸟。什么鸟呢？你看，它眼睛又大又圆，身体胖胖的，像不像一只可爱的猫头鹰？这件形象生动的青铜器名叫"妇好鸮尊"。为什么起这个名字呢？因为鸮俗称"猫头鹰"，尊是一种酒器；而它的主人叫妇好。在三千多年前的商朝人眼中，猫头鹰带有神秘感，象征战神，是当时人们崇拜的对象。妇好鸮尊具有极高的艺术价值和历史价值，是国宝中的国宝。它属于妇好，可以说是再合适不过了。

　　为什么这么说呢？因为妇好不仅是商王武丁的王后，更是中国历史上第一位女将军。作为身份高贵的王后，她与众不同，有自己的封地，经济独立。她以智慧参与国家大事，对国家作出了巨大的贡献；作为伟大的将军，她不断创造战争神话，曾经领导上万人的军队，保持着百战百胜的纪录；作为妻子，她美丽温柔，是丈夫的爱人、知己和战友。妇好鸮尊之所以被认为是国宝中的国宝，就是因为它的主人妇好是一个了不起的人物。

1. 厘米	límǐ	量 (mw.)	
2. 铜	tóng	名 (n.)	青~器，~壶
3. 猫头鹰	māotóuyīng	名 (n.)	一只~
4. 鸮	xiāo	名 (n.)	俗称"猫头鹰"
5. 尊	zūn	名 (n.)	酒~
6. 酒器	jiǔqì	名 (n.)	一件~
7. 商朝	Shāngcháo	名 (n.)	
8. 神秘感	shénmìgǎn	名 (n.)	带有~，充满~
9. 战神	zhànshén	名 (n.)	
10. 崇拜	chóngbài	动 (v.)	~科学家，~的对象，受到~
11. 具有	jùyǒu	动 (v.)	~价值，~影响力，
12. 高贵	gāoguì	形 (adj.)	~品质，~气质
13. 王后	wánghòu	名 (n.)	
14. 与众不同	yǔzhòng-bùtóng		
15. 封地	fēngdì	名 (n.)	一块~
16. 国家大事	guójiā dàshì		
17. 战争	zhànzhēng	名 (n.)	发生~，一次~，~时期
18. 神话	shénhuà	名 (n.)	~传说，古代~，~故事
19. 上万	shàngwàn		
20. 百战百胜	bǎizhàn-bǎishèng		
21. 知己	zhījǐ	名 (n.)	
22. 战友	zhànyǒu	名 (n.)	

注 释

1. 鸮：俗称"猫头鹰"。鸮鸟在商代人眼中充满了神秘感，并且慢慢成为当时人们崇拜的对象之一。

2. 尊：一种形体高而大的古代盛酒器，也写作"樽"。

3. 商朝：中国历史上的第二个朝代，从约公元前1600年到约公元前1046年，中国最早的文字甲骨文就出现在商朝。

课文二 对话 🎧

高　　帅：林文丽，你说什么样的女性才能算是真正的人生赢家呢？

林文丽：你知道吗？中国历史上有个超级厉害的女英雄，她是我心目中的完美女性。

高　　帅：知道，知道，不就是木兰嘛！

林文丽：我说的不是她。

高　　帅：还有谁？赶快说来听听。

林文丽：她叫妇好。她不仅是位出色的女将军，而且是位能干的王后。

高　　帅：能当好王后就可以了，为什么还要当女将军呢？

林文丽：我想，当女将军更能体现出她作为一个人，而不仅仅是一个女人的价值吧。据说，妇
　　　　好的丈夫武丁也特别欣赏这个文武双全的王后，把她看作是知己、战友和一生的至爱。

高　　帅：听你这么一说，这个妇好的确不一般，就算木兰也比不上她。简直不敢相信，世界上
　　　　竟有这么完美的人。所谓的人生赢家，说的就是她吧。

林文丽：一下子就评价到点子上了！高帅，你真有两下子！

23. 人生赢家	rénshēng yíngjiā	名 (n.)	
24. 英雄	yīngxióng	名 (n.)	伟大的～，民族～，～精神
25. 出色	chūsè	形 (adj.)	～的成绩，～的老师，表现～
26. 文武双全	wénwǔ shuāngquán		

注 释

木兰：又名花木兰，是中国南北朝时期的民族女英雄，她代父从军击败了入侵民族，唐代皇帝
追封她为"孝烈将军"。1998年，美国迪士尼公司将木兰的故事改编成了动画片，受到了全世
界的欢迎。

语言点讲练

一、"v.+有"

"有"可以跟在一些单音节动词的后面，构成一个双音节的动词组合，后面必须带宾语。在这样的组合中，"有"表示存在，"有"前面的动词表示存在的方式。

例：

1. 在商朝人眼中，猫头鹰**带有**神秘感，象征战神。
2. 我的手机里**存有**许多珍贵的照片。
3. 这本字典上**写有**这个字的用法。

> 选择合适的动词组合，完成下列句子。

留有　　装有　　刻有　　印有　　画有

1. 我的手机里＿＿＿＿＿＿支付宝，出门不用带现金，消费后打开手机，扫一扫就能完成付款。
2. 这件青铜器上＿＿＿＿＿＿上百个汉字，不过很多字的写法和现在的汉字都不太一样了。
3. 几年前我去过苏州，直到现在心里还＿＿＿＿＿＿不少苏州园林的美好记忆。
4. 名片上＿＿＿＿＿＿他的联系方式，找到他不难。
5. 活动结束后，每个学生都得到了一件＿＿＿＿＿＿学校风景的T恤留作纪念。

二、"n.+中的+n."

"n.+中的+n."具有强调作用，说话人可以用它来表达极端赞扬或批评等主观感情。

例：国宝中的国宝　　美味中的美味　　天才中的天才　　帅哥中的帅哥　　垃圾中的垃圾

判断正误。

(　　) 1. 好人中的好人 　　　　　　　　(　　) 2. 极品中的极品

(　　) 3. 君子中的君子 　　　　　　　　(　　) 4. 小人中的小人

(　　) 5. 教授中的教授 　　　　　　　　(　　) 6. 精英中的精英

(　　) 7. 学生中的学生 　　　　　　　　(　　) 8. 桌子中的桌子

(　　) 9. 明星中的明星 　　　　　　　　(　　) 10. 水中的水

(　　) 11. 龙中的龙 　　　　　　　　　　(　　) 12. 美女中的美女

三、设问

设问是自问自答，无疑而问，问句后都有或应有答案。作为一种修辞方法，设问句不但可以引起读者或听者的注意，而且可以引导他们按照作者的思路去思考。

划出课文一中的设问句，体会设问在文章中的作用。

课文一　会话实践

一、根据课文一的内容回答问题。

1. 这是一件猫头鹰造型的青铜器，对吗？

2. 这件青铜器的样子可爱吗？

3. 在一千多年前的商朝人眼中，猫头鹰象征战神，对吗？

4. 妇好是不是中国历史上第一位王后？

二、根据提示复述课文一。

Ⓐ 这件_____46厘米、_____16.7公斤的青铜器像什么动物？恭喜你，猜对了！是鸟。什么鸟呢？你看，它眼睛_____，身体_____的，像不像一只可爱的_____？这件形象生动的青铜器名叫"妇好鸮尊"。为什么起这个名字呢？因为鸮_____"猫头鹰"，尊是一种酒器；而它的_____叫妇好。在三千多年前的商

朝人眼中，猫头鹰带有_____，_____战神，是当时人们崇拜的对象。妇好鸮尊具有极高的艺术价值和_____价值，是_____中的国宝。它属于妇好，可以说是再合适不过了。

为什么这么说呢？因为妇好不仅是商王武丁的王后，更是中国历史上第一位女将军。作为身份_____的王后，她_____，有自己的封地，经济独立。她以智慧参与_____，对国家作出了巨大的贡献；作为伟大的将军，她不断创造战争_____，曾经领导_____人的军队，保持着_____的纪录；作为妻子，她美丽温柔，是丈夫的爱人、_____和战友。妇好鸮尊之所以被认为是国宝中的国宝，就是因为它的主人妇好是一个_____的人物。

Ⓑ

这件高46厘米、重16.7公斤……？恭喜你，猜对了！是鸟。……？你看，它眼睛……，身体……，像不像……？这件形象生动的青铜器名叫"妇好鸮尊"。……？因为鸮俗称"猫头鹰"，尊是一种酒器；而它的主人叫妇好。在……，猫头鹰……，象征……，是当时人们崇拜的对象。妇好鸮尊具有极高的……，是……。它属于妇好，可以说是……。

为什么……？因为妇好不仅是商王武丁的王后，更是……。作为身份高贵的王后，她……，有……，……。她以……，对……；作为伟大的将军，她……，曾经……，……；作为妻子，她……，是丈夫的……。妇好鸮尊之所以被认为是国宝中的国宝，就是因为……。

三、讨论。

动物与人类之间有着非常紧密的联系。比如，猫头鹰在中国商代就象征战神，是当时人们崇拜的对象。在你们国家的文化中，有哪些动物也具有独特的象征意义呢？

四、活学活用。

模仿课文一，介绍一件你今天带在身边的、对你具有特别意义的东西。

课文二 会话实践

一、根据课文二的内容回答问题。

1. 林文丽心目中的完美女性是不是木兰？
2. 在高帅看来，成为女将军对身为王后的妇好重要吗？
3. 听了林文丽的介绍，高帅是怎么评价妇好的？

二、分角色朗读课文二。

三、根据提示复述课文二。

Ⓐ 两人一组，根据提示复述课文二。

 高帅

○ 林文丽，你说什么样的女性才能算是真正的人生_____呢？

○ 知道，知道，不_____是木兰嘛！

○ 还有谁？ _____说来听听。

○ 能_____王后就可以了，为什么还要当女将军呢？

○ 听你这么一说，这个妇好的确_____，就算木兰也_____她。_____不敢相信，世界上竟有这么_____的人。_____的人生赢家，说的就是她吧。

 林文丽

○ 你_____吗？中国历史上有个超级厉害的女英雄，她是我_____中的完美女性。

○ 我_____不是她。

○ 她叫妇好。她不仅是位_____的女将军，而且是位_____的王后。

○ 我想，当女将军更能体现出她作为_____，而不仅仅是一个女人的_____吧。_____，妇好的丈夫武丁也特别欣赏这个_____的王后，把她_____是知己、战友和一生的_____。

○ 一下子就评价到_____上了！高帅，你真有_____！

Ⓑ 根据提示概括课文二的内容。

什么样的女性才能算是真正的人生赢家呢？我认为中国古代的女英雄妇好可以算是一个。她不仅……，而且……。据说妇好的丈夫……，把她……。简直不敢相信，世界上……。所谓的人生赢家，……。

四、讨论。

什么样的女性才能算是真正的人生赢家？请谈谈你的看法。

五、活学活用。

模仿课文二进行对话。向同伴介绍一位你们国家的了不起的女性，并努力使你的同伴信服。

练 习

一、模仿例子组词。

1. 俗**称**：　戏　称　　　＿＿称　　　＿＿称
2. 青铜**器**：　瓷　器　　　＿＿器　　　＿＿器
3. 神秘**感**：孤独感　　　＿＿感　　　＿＿感
4. 赢**家**：　专　家　　　＿＿家　　　＿＿家

二、有感情地朗读下列句子，注意句子的语气和功能。

1. 恭喜你，猜对了！
2. 它属于妇好，可以说是再合适不过了。
3. 你说什么样的女性才能算是真正的人生赢家呢？
4. 你知道吗？中国历史上有个超级厉害的女英雄，她是我心目中的完美女性。
5. 知道，知道，不就是木兰嘛！
6. 还有谁？赶快说来听听。
7. 所谓的人生赢家，说的就是她吧。

三、头脑风暴：分小组讨论并收集可用来表示称赞的词句。

例：上海博物馆里的藏品真是精品中的精品。

课文里的：

我知道的：

同伴分享的：

四、用下列生词和语言点，介绍一件你们国家的国宝。

生词　国宝、艺术价值、历史价值、象征

语言点　"v.+有"　"n.+中的+n."设问（修辞手法）

五、讨论：经济独立对于女性而言是否重要？为什么？

拓　展

一、辩论：有人认为女性最大的价值就是当好贤妻良母。对此你怎么看？请谈谈你的观点并至少给出三个理由，全班可分为两队进行辩论。

我的观点	
	1.
我的理由	2.
	3.

二、小组讨论并汇报：什么样的男性才能算是真正的人生赢家。

文化拓展

通过本课的学习，我们既认识了一件中国国宝"妇好鸮尊"，也和同学们一起交流了各自国家的国宝及其背后动人的故事。这些国宝无一不是各种文明的结晶，都彰显着各国人民的创造之美。

2019年5月15日，亚洲文明对话大会在北京国家会议中心隆重开幕。中国国家主席习近平出席开幕式并发表主旨演讲。他提到："坚持美人之美、美美与共。每一种文明都是美的结晶，都彰显着创造之美。一切美好的事物都是相通的。人们对美好事物的向往，是任何力量都无法阻挡的！各种文明本没有冲突，只是要有欣赏所有文明之美的眼睛。我们既要让本国文明充满勃勃生机，又要为他国文明发展创造条件，让世界文明百花园群芳竞艳。"

请谈谈你对这段话的理解。

6 苏州园林

1. 推论
2. 咨询
3. 了解中国古典园林的基本看点
4. 规划中国古典园林深度游

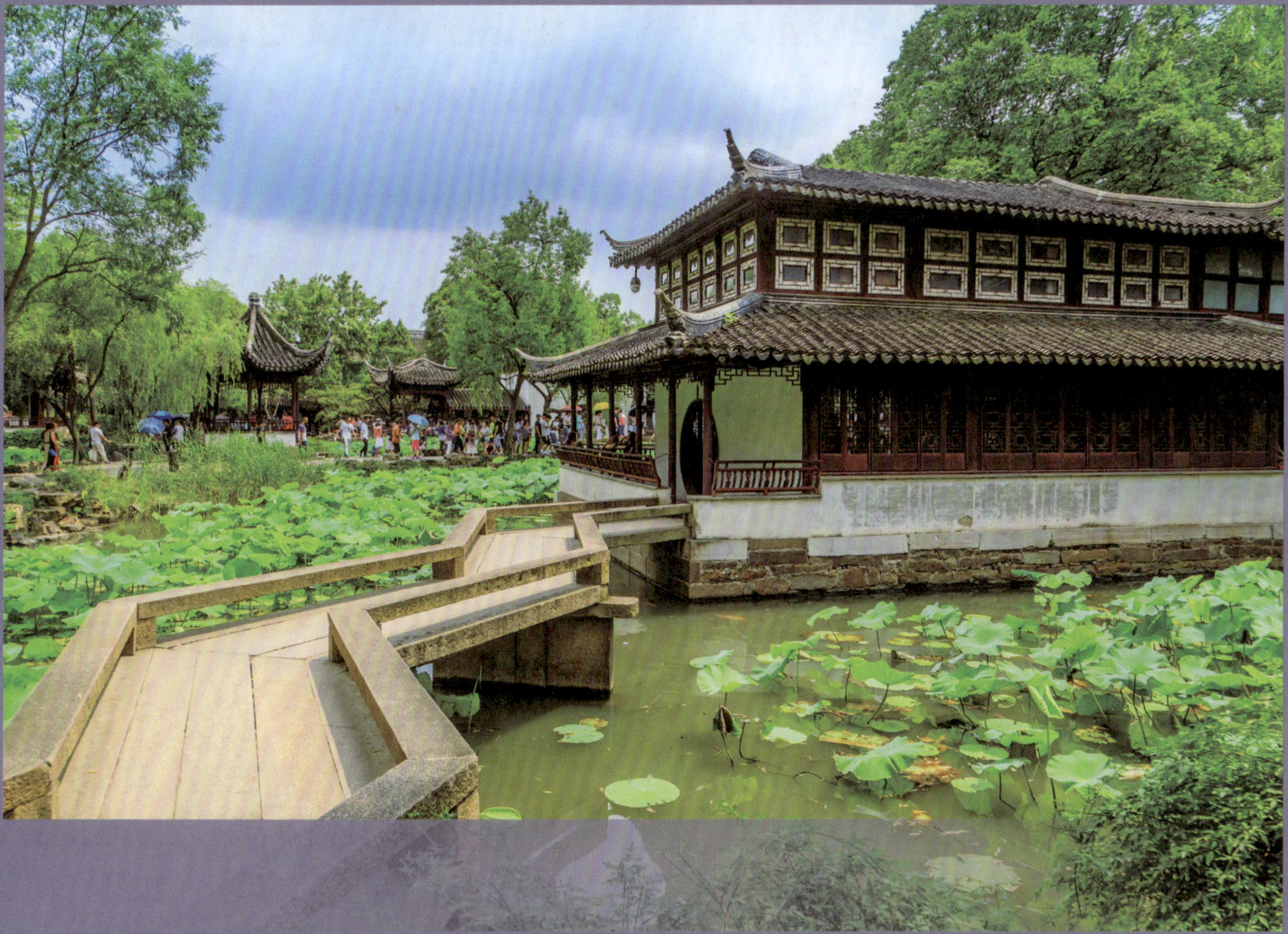

热身准备

读一读、看一看、耦园初印象

耦园

吾爱亭

椭圆形花窗

圆形花窗

湖石假山

黄石假山

课文一 短文 🎧

　　耦园位于苏州城东，被公认为是最浪漫的传统园林。"耦"的意思是两人一起耕种，"耦"与"偶"谐音，意思是住在这座园林里的是一对佳偶。"耦园住佳偶"，这里真实地记录了男主人沈秉成和女主人严永华幸福的婚姻生活。这里最大的特色就是设计讲究成双成对，处处暗示男女主人地位相等、相亲相爱。例如，一般的园林都是一宅一园，耦园的住宅两边却分别有一东一西两个花园；又如，东园有象征太阳的圆形花窗，西园则有象征月亮的椭圆形花窗；再如，东园有其他园林少见的黄石假山，这座假山气势雄伟，被誉为"苏州第一"；而西园有湖石假山，设计别出心裁、形状优美。这里充满了暖暖的幸福，热爱音乐的女主人常常在吾爱亭弹琴，吾爱亭就是"我爱听"的意思。这个风格独特的名字正是爱听妻子弹琴的男主人起的。由此可见，耦园充分体现了东方的浪漫爱情。

1.	园林	yuánlín	名 (n.)	古典~，~建筑，一座~
2.	位于	wèiyú	动 (v.)	~苏州，~海边，~市中心
3.	公认	gōngrèn		
4.	耕种	gēngzhòng	动 (v.)	~土地
5.	偶	ǒu		~数
6.	佳偶	jiā'ǒu	名 (n.)	一对~，~天成
7.	婚姻	hūnyīn	名 (n.)	传统~，~生活，~幸福，~美满
8.	成双成对	chéngshuāng-chéngduì		
9.	暗示	ànshì	动 (v.)	~别人，一再~，心理~
10.	相等	xiāngděng	动 (v.)	地位~，数量~
11.	相亲相爱	xiāngqīn-xiāng'ài		
12.	住宅	zhùzhái	名 (n.)	居民~，~环境，一所~
13.	分别	fēnbié	副 (adv.)	~有，~解决，~代表
14.	花窗	huāchuāng	名 (n.)	一扇~
15.	椭圆	tuǒyuán	名 (n.)	
16.	少见	shǎojiàn	形 (adj.)	
17.	气势	qìshì	名 (n.)	
18.	雄伟	xióngwěi	形 (adj.)	气势~，~的山
19.	誉为	yùwéi	动 (v.)	被~……
20.	别出心裁	biéchū-xīncái		
21.	亭	tíng	名 (n.)	~台楼阁，~子

注 释

1. "耦园住佳偶，城曲筑诗城"：耦园旧主人严永华为耦园题的对联。
2. 黄石假山：园林中以造景为目的，用橙黄色山石、土等材料构筑的山。
3. 湖石假山：园林中以造景为目的，用太湖石、土等材料构筑的山。

课文二 对话

李文泰：我女朋友来上海出差，我们准备礼拜天去苏州园林，我正在研究去哪个性价比高呢。

马 丁：我强烈推荐耦园，假如你咨询我的话。

李文泰：耦园？名字有点儿陌生啊。

马 丁：苏州园林讲究的是完美的视觉体验。特别有名的园林，平时人就多，周末难免更拥挤。这样一来，自然会影响你们观赏景色、谈情说爱。耦园呢，名气虽然不大，但其实相当不错。那里景美人少，从游览体验上说，是有明显优势的。一来可以专心欣赏园林的风景，二来可以静静感受园林的氛围。更何况那里还有一个美丽的爱情传说。过去是"耦园住佳偶"，现在你们去了，就是"佳偶游耦园"哪。

李文泰：谢谢你的祝福。如此看来，耦园的确有独特的魅力。我女朋友就喜欢追求浪漫的感觉。照你的说法，优美的风景加上浪漫的爱情，对我们来说再合适不过了。佩服，佩服，难怪大家都称你为"中国通"啊。

马 丁：哎呀，夸得我都飘起来了。我哪儿有资格当"中国通"啊。

李文泰：注意！过分谦虚就是骄傲啊。

22. 性价比	xìngjiàbǐ	名 (n.)	～高，～突出
23. 视觉	shìjué	名 (n.)	～体验，～享受
24. 谈情说爱	tánqíng shuō'ài		
25. 明显	míngxiǎn	形 (adj.)	～优势，～改变，效果～
26. 说法	shuōfǎ	名 (n.)	
27. 称	chēng	动 (v.)	自～，～……为，被……～为
28. 飘	piāo	动 (v.)	～雪，～起来，～来
29. 资格	zīgé	名 (n.)	有～，具备～，失去～

语言点讲练

一、"分别"

副词，主要有三种用法。

（一）表示不同行为主体完成同一行为，意思相当于"各自"。

例：

1. 请将水果和日用品**分别**放在袋子里。

2. 耦园的住宅两边**分别**有一东一西两个花园。

3. 如果是吃中国菜，我们一般**分别**点一个自己喜欢的菜和大家一起分享。

（二）表示同一行为主体完成不同的行为时，可以用"分别"来提示行为是不一样的、有区别的。

例：

1. 马丁在公园里**分别**采访了不少老年人。

2. 李老师**分别**在上海和故乡举行了婚礼。

3. 人民币上**分别**印有汉字、汉语拼音、蒙古文字、藏族文字、维吾尔文字、壮族文字和阿拉伯数字。

（三）如果不同的行为主体与不同的对象相对应，这时"分别"表示的是它们之间一一对应的关系。

例:

1. 中国的国旗为五星红旗，形状为长方形，红色旗面左上方缀有五颗黄色五角星，红色和黄色**分别**象征革命和光明。
2. "双十一"那天，马丁和高帅**分别**在淘宝和天猫网购了咖啡。
3. 100元面值和50元面值的人民币背面**分别**印有人民大会堂和布达拉宫。

> 用"分别"回答问题。

1. 你们班的同学都来自同一个地方吗？

   _____

2. 五个人一起去吃中国菜，怎么点菜比较合适呢？

   _____

3. 和朋友一起吃饭，你们一般习惯怎么买单？

   _____

4. 你能简单介绍一下你们国家的通用货币吗？

   _____

二、对比

对比是指把同一事物的不同方面或不同的事物放在一起加以比较的修辞手法。对比可以使人对事物的特征更了解，对问题的看法更全面。使用对比时，常用"却""则""而"等词进行连接，有时也可以不用关联词。

例:

1. 一般的园林都是一宅一园，耦园的住宅两边**却**分别有一东一西两个花园。
2. 东园有象征太阳的圆形花窗，西园**则**有象征月亮的椭圆形花窗。
3. 东园有其他园林少见的黄石假山，这座假山气势雄伟，被誉为"苏州第一"；**而**西园有湖石假山，设计别出心裁、形状优美。

> 用对比的方式回答问题。

来中国以后，你有哪些变化？

来中国以前	来中国以后

三、假设复句中分句的顺序

假设复句一般假设在前，结果在后，但有时也可以假设在后，起补充说明的作用——这时前一分句一般不用关联词语。

例：

1. 你这样坚持读课文，口语一定会有进步的，**要是**每天都能读15分钟以上**的话**。
2. 一般来说，校园无线网络的初始密码就是护照号的后六位数字，**如果**没有特殊情况**的话**。
3. 我强烈推荐耦园，**假如**你咨询我**的话**。

课文一　会话实践

一、根据课文一的内容回答问题。

1. 耦园的旧主人是一对相亲相爱的夫妻，对吗？
2. 耦园的设计和一般的中国传统园林是相同的，也是一宅一园，对吗？
3. 耦园的黄石假山是不是被誉为"苏州第一"？
4. 耦园最大的特色就是处处美得像一幅画，是吗？

二、根据提示复述课文一。

Ⓐ　耦园_____苏州城东，被公认为是最浪漫的_____园林。"耦"的意思是两人一起耕种，"耦"与"偶"_____，意思是住在这座园林里的是一对佳偶。"耦园住佳偶"，这里真实地_____了男主人沈秉成和女主人严永华幸福的_____生活。_____最大的特色就是设计_____成双成对，处处_____男女主人地位相等、相亲相爱。例如，一般的园林都是一宅一园，耦园的住宅两边_____分别有一东一西两个花园；又如，东园有_____太阳的圆形花窗，西园则有象征月亮的椭圆形花窗；再如，东园有其他园林_____的黄石假山，这座假山气势_____，被誉为"苏州_____"；而西园有湖石假山，设计_____、形状优美。这里充满了暖暖的幸福，_____音乐的女主人常常在吾爱亭弹琴，吾爱亭就是"我爱听"的意思。这个_____独特的名字正是爱听妻子弹琴的男主人起的。_____，耦园_____体现了东方的浪漫爱情。

Ⓑ

耦园位于苏州城东，被公认为是……。"耦"的意思是两人一起耕种，……，意思是住在这座园林里的是一对佳偶。"耦园住佳偶"，这里……。这里最大的特色……，处处暗示男女主人地位相等、相亲相爱。例如，……，……；又如，……，……；再如，东园有……，……，被誉为……；而西园……，……。这里……，……，吾爱亭就是"我爱听"的意思。这个风格独特的名字……。由此可见，……。

三、讨论。

中国的传统园林有什么参观价值？请谈谈你的看法。

四、活学活用。

模仿课文一，介绍一个学校附近的特色景点。

课文二　会话实践

一、根据课文二的内容回答问题。

1. 李文泰本来就打算和女朋友一起去苏州的耦园，是吗？
2. 马丁向李文泰推荐了一个李文泰比较熟悉的苏州园林，对吗？
3. 李文泰最后有没有接受马丁的建议呢？

二、分角色朗读课文二。

三、根据提示复述课文二。

Ⓐ 两人一组一问一答，根据提示复述课文二。

这个周末李文泰有什么安排？	他女朋友来上海出差，他们_____礼拜天去苏州园林。
马丁为什么认为耦园性价比高呢？	因为苏州园林讲究的是完美的_____体验。特别有名的园林，平时人就多，周末_____更拥挤。这样一来，_____会影响李文泰他们观赏景色、谈情说爱。耦园呢，_____虽然不大，但其实相当不错。那里景美人少，从游览体验上说，是有_____优势的。一来可以专心欣赏园林的_____，二来可以静静_____园林的氛围。
为什么李文泰说他和女朋友一起去耦园是再合适不过了？	因为他女朋友就喜欢_____浪漫的感觉。耦园不仅有_____的风景，还有一个_____的爱情传说。
李文泰是怎么夸奖马丁的？	他说："_____，_____，难怪大家都_____你为'_____'啊。"
马丁是怎么表示自谦的？	他说："_____，夸得我都_____起来了。我哪儿有_____当'中国通'啊。"

Ⓑ 根据提示概括课文二的内容。

李文泰的女朋友来上海出差，……。马丁……，这让李文泰有点儿意外。马丁告诉他苏州园林讲究的是完美的视觉体验。特别有名的园林，……，周末……。这样一来，……。耦园……，但其实……。那里……，……，……。一来……，二来……。除此以外，那里……。过去是……，现在……，……。听了马丁的介绍，李文泰认为……。他女朋友……。照马丁的说法，优美的风景加上浪漫的爱情，……。

四、讨论。

什么样的旅游景点性价比最高？

五、活学活用。

苏州有名的园林很多，李文泰该如何向女友解释选择去耦园游览呢？模仿课文二进行对话。

一、模仿例子组词。

1. 假山：假 发   假____   假____

2. 说法：用 法   ____法   ____法

3. 椭圆形：心 形   ____形   ____形

4. 视觉：听 觉   ____觉   ____觉

二、有感情地朗读下列句子，注意句子的语气和功能。

1. 我强烈推荐耦园，假如你咨询我的话。

2. 耦园？名字有点儿陌生啊。

3. 特别有名的园林，平时人就多，周末难免更拥挤。这样一来，自然会影响你们观赏景色、谈情说爱。

4. 过去是"耦园住佳偶"，现在你们去了，就是"佳偶游耦园"哪。

5. 如此看来，耦园的确有独特的魅力。

6. 照你的说法，优美的风景加上浪漫的爱情，对我们来说再合适不过了。

7. 哎呀，夸得我都飘起来了。

三、头脑风暴：分小组讨论怎样游览苏州园林才能获得比较好的游览体验，并以报告的形式呈现。

课文里的：	
我知道的：	
同伴分享的：	

四、用下列生词和语言点，推荐一个在你们国家性价比高的旅游景点。

生词　公认、誉为、讲究、体验、氛围、游览体验、优势

语言点　分别、对比（修辞方法）

拓　展

一、小组分享并汇报：一次完美的游览体验。

时间	
地点	
同伴	
起因	
经过	
结果	这真是一次完美的游览体验！

二、辩论：有人说只有花费大量的金钱才能确保在旅行中获得美好的体验。对于这个观点，你怎么看？请谈谈你的观点，并至少给出三个理由，全班可分为两队进行辩论。

我的观点	
我的理由	1.
	2.
	3.

文化拓展

中国的古典园林中有不少特色建筑，它们的名称也往往贴合自身风格，有些名称沿用至今。请你根据不同建筑的特点，为耦园中的建筑加上合适的名字。

楼　亭　桥　廊　轩　堂

吾爱_____

城曲学_____

筠_____

藏书_____

曲_____

无俗韵_____

7

美国味儿，中国风

1.举例、推荐
2.评价本土化经营策略
3.分享旅行体验

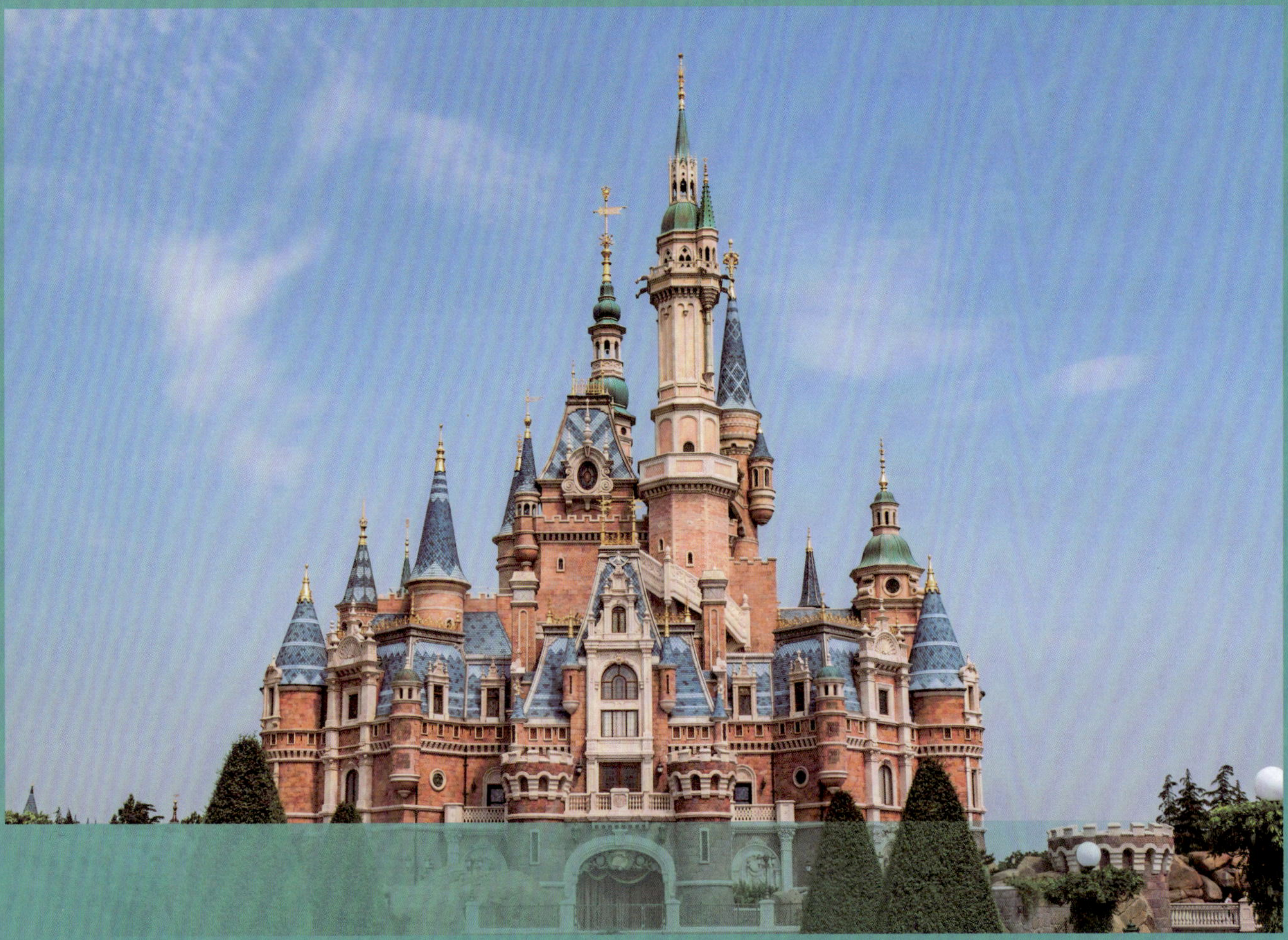

看图猜名字。

迪士尼小镇   十二朋友园   奇想花园   奇幻城堡

1. _____

2. _____

3. _____

4. _____

课文一 短文 🎧

　　上海迪士尼乐园是史上首个开业后第一年就实现财务收支平衡的主题乐园，也是全球开业第一年接待人次最多的主题乐园。它不仅仅是在中国建造的迪士尼乐园，更是中国的迪士尼乐园，中国元素几乎随处可见。

　　园外是传统海派石库门建筑风格的迪士尼小镇，乐园中心是全球迪士尼乐园中首个以花园为设计主题的园区——奇想花园。其中有个独具特色的十二朋友园，里面陈列着12幅巨大的彩色壁画。壁画上绘有迪士尼动画片明星，它们分别代表着中国传统的十二生肖，深受游客喜爱。设计者用中国元素讲述着迪士尼的精彩故事。如生肖狗的代表是米奇的最佳拍档布鲁托，它诚实、忠诚而又友好，具有中国生肖文化中狗的性格优点。

　　奇幻童话城堡是全球最高最大的迪士尼城堡，也是上海迪士尼的标志性景点。城堡的尖顶是乐园的最高点，尖顶上有一朵金色的牡丹花闪闪发光，而牡丹正是象征着富贵吉祥的中国国花。

　　迪士尼集中了来自全球各地的创意人才，他们将迪士尼传统与经典的中国文化元素进行了巧妙的融合，为游客专门打造了一个美国味儿、中国风的上海迪士尼乐园。

1. 首	shǒu	形（adj.）	～个，～位，～本
2. 开业	kāiyè	动（v.）	～典礼
3. 财务	cáiwù	名（n.）	～总监，～自由
4. 收支平衡	shōuzhī pínghéng	名（n.）	达到～
5. 全球	quánqiú	名（n.）	
6. 人次	réncì	名（n.）	
7. 建造	jiànzào	动（v.）	～楼房，～园林
8. 元素	yuánsù	名（n.）	基本～，中国～
9. 随处可见	suíchù kějiàn		
10. 海派	hǎipài	名（n.）	～文化，～建筑
11. 园区	yuánqū	名（n.）	
12. 独具特色	dújù tèsè		
13. 陈列	chénliè	动（v.）	～整齐，～物品
14. 幅	fú	量（mw.）	一～画，一～地图
15. 壁画	bìhuà	名（n.）	一幅～，一张～
16. 绘有	huìyǒu	动（v.）	
17. 动画片	dònghuàpiàn	名（n.）	一部～
18. 讲述	jiǎngshù	动（v.）	～故事，～历史
19. 最佳拍档	zuìjiā pāidàng	名（n.）	
20. 城堡	chéngbǎo	名（n.）	一座～
21. 标志性景点	biāozhìxìng jǐngdiǎn		
22. 尖	jiān	名（n.）	～顶

23. 牡丹	mǔdān	名 (n.)	一朵~，一株~
24. 闪闪发光	shǎnshǎn fāguāng		
25. 吉祥	jíxiáng	形 (adj.)	~如意，~话
26. 创意	chuàngyì	名 (n.)	充满~，富有~
27. 巧妙	qiǎomiào	形 (adj.)	很~，~的安排
28. 进行	jìnxíng	动 (v.)	~了解，~解释，~学习
29. 打造	dǎzào	动 (v.)	~形象，~平台，~品牌

注释

1. 上海迪士尼乐园：是中国第二个、中国内地第一个、亚洲第三个、世界第六个迪士尼主题乐园，位于上海市浦东新区，于2016年6月16日正式开园。

2. 石库门：一种融汇了西方文化和东方汉族传统民居特点的新型建筑，也是最具上海特色的居民住宅。以石头做门框，以厚木做门扇，这种建筑因此得名"石库门"。

课文二 对话 🎧

李文泰：听说你们都去过迪士尼了。那儿怎么样，值得一去吗？

林文丽：去过的都说好。一天根本玩不够，我干脆直接买了季票。

高　帅：太有先见之明了。上海迪士尼是名副其实的美国味儿，中国风，到处充满惊喜，超出了我的想象。我跟你们分享一下自己在迪士尼的神奇体验吧。虽然我过去接触过一点儿中国传统文化，可是印象都不深。没想到去了"十二朋友园"后，我竟然秒变生肖达人。

马　丁：那我请教你一下，属狗的人有哪些性格特征呢？

高　帅：诚实、忠诚、对人友好。

马　丁：佩服佩服，你对生肖真是如数家珍啊。你是怎么做到的？

高　帅：很简单，无论说到哪个生肖，我只要回忆一下十二朋友园壁画上的动画明星就行了。

　　　　另外，我认为迪士尼里的烤鸭披萨也值得一尝。

卡米拉：说到鸭子，我在迪士尼最美好的体验是跟着唐老鸭打了一套太极拳。还有人夸我姿势

　　　　标准，有武术天赋呢。

李文泰：看来你们对迪士尼的评价都很高啊。多谢推荐，我真有点儿迫不及待了。

30. 季票	jìpiào	名 (n.)	
31. 先见之明	xiānjiàn-zhīmíng		有～
32. 名副其实	míngfù-qíshí		
33. 特征	tèzhēng	名 (n.)	性格～
34. 如数家珍	rúshǔ-jiāzhēn		对……～

语言点讲练

一、"进行"

动词，指从事某种正式的、严肃的、持续性的活动。"进行"的宾语一般是动词性的，通常为双音节。

例：**进行研究、进行调查、进行融合、进行创新、进行讨论、进行服务、进行帮助**

选择合适的表达，完成句子。

研究　　　调查　　　融合　　　比较　　　了解

1. 将这两种用法进行＿＿＿＿＿＿后，我们发现第一种用法明显优于第二种用法。
2. 我们要对这个问题进行＿＿＿＿＿＿。
3. 他们的亮点在于将迪士尼传统与经典中国文化元素进行了巧妙的＿＿＿＿＿＿。
4. 警察正在对事故发生的原因进行＿＿＿＿＿＿。
5. 制定旅行计划的时候，我们可以通过知名的APP对旅行目的地的各种情况进行＿＿＿＿＿＿。

二、"值得一+v."

（一）如果你觉得做某事是很有价值或很有意义的，那么你就可以用"值得一+v."这个结构来表达你的看法。"值得一+v."中的动词往往是单音节动词。

例：**值得一去、值得一读、值得一说、值得一试、值得一看、值得一交**

（二）如果你觉得做某事是没有价值或没有意义的，那么你就可以用"不值得一+v."这个结构来表达你的看法。

例：**不值得一去、不值得一读、不值得一说、不值得一试、不值得一看、不值得一交**

选择合适的表达，完成句子。

值得一去　　　值得一读　　　值得一提　　　值得一试　　　值得一看　　　值得一交

1. 这是一个难得的好机会，＿＿＿＿＿＿。
2.《乐学汉语》是一本有趣的书，＿＿＿＿＿＿。
3. 马丁是个热心人，别人有困难，他总是在第一时间就出手相助，这样的人＿＿＿＿＿＿。
4. 这个城市除了名胜古迹，就没有别的＿＿＿＿＿＿的东西了。
5. 最近有哪些＿＿＿＿＿＿的电影？
6. 中国有哪些旅游城市＿＿＿＿＿＿？

三、叙述顺序——按照空间场所变化的顺序

我们可以通过空间场所变化的顺序来展开叙述。比如，在本课短文里就是以园外 → 乐园中心 → 十二朋友园 → 奇幻童话城堡 → 城堡尖顶这样的从外到内、从下到上的空间场所变化的顺序来介绍迪士尼乐园的。

课文一 会话实践

一、根据课文一的内容回答问题。

1. 课文中的迪士尼乐园建在哪个城市？
2. 十二朋友园里的迪士尼动物明星和中国的十二生肖有关系吗？
3. 为什么奇幻城堡的顶尖上要放一朵金色的牡丹花？
4. 为什么说上海迪士尼乐园是一个美国味儿、中国风的乐园？

二、根据提示复述课文一。

Ⓐ　上海迪士尼乐园是史上＿＿＿＿＿＿个开业后第一年就实现财务收支平衡的主题乐园，也是＿＿＿＿＿＿开业第一年接待人次最多的主题乐园。它不仅仅是在中国建造的迪士尼乐园，更是中国的迪士尼乐园，中国元素几乎＿＿＿＿＿＿。

　　园外是传统＿＿＿＿＿＿石库门建筑风格的迪士尼小镇，乐园中心是全球迪士尼乐园中首个以花园为设计主题的园区——奇想花园。其中有个＿＿＿＿＿＿的十二朋友园，里面陈列着12＿＿＿＿＿＿巨大的彩色壁画。壁画上＿＿＿＿＿＿迪士尼动画片明星，它们分别代表着中国传统的十二生肖，深受游客喜爱。设计者用中国元素讲述着迪士尼的＿＿＿＿＿＿故事。如生肖狗的代表是米奇的最佳拍档布鲁托，它诚实、忠诚而又友好，具有中国生肖文化中狗的性格优点。

　　奇幻童话城堡是全球最高最大的迪士尼城堡，也是上海迪士尼的＿＿＿＿＿＿景点。城堡的尖顶是乐园的最高点，尖顶上有一朵金色的牡丹花＿＿＿＿＿＿，而牡丹正是象征着富贵＿＿＿＿＿＿的中国国花。

　　迪士尼集中了来自全球各地的创意人才，他们将迪士尼传统与经典的中国文化元素进行了＿＿＿＿＿＿的融合，为游客专门＿＿＿＿＿＿了一个美国味儿、中国风的上海迪士尼乐园。

Ⓑ

　　上海迪士尼乐园是……，也是……。它不仅仅是在中国建造的迪士尼乐园，更是……，中国元素几乎随处可见。

　　园外……，乐园中心……。其中有个独具特色的十二朋友园，里面……。壁画上……，它们……，……。设计者……。如生肖狗……，它……，具有……。

　　奇幻童话城堡……，也是……。城堡的尖顶……，尖顶上……，而牡丹……。

　　迪士尼集中了来自全球各地的创意人才，他们……，为游客……。

三、讨论。

迪士尼为什么要努力把上海迪士尼乐园打造成一个美国味儿、中国风的乐园？

四、活学活用。

模仿课文一，介绍你们国家的一个独具特色的景点。

课文二 会话实践

一、根据课文二的内容回答问题。

1. 林文丽买了哪种票？
2. 高帅去迪士尼乐园后发生了什么变化？
3. 卡米拉在迪士尼最美好的体验是什么？

二、分角色朗读课文二。

三、根据提示复述课文二。

Ⓐ 两人一组一问一答，根据提示复述课文二。

林文丽为什么会买迪士尼的季票？	因为迪士尼一天根本_____。
高帅认为迪士尼怎么样？	他认为上海迪士尼是_____的美国味儿，中国风，到处充满_____，_____了他的想象。
高帅为什么能秒变生肖达人？	因为_____说到哪个生肖，他只要回忆一下十二朋友园_____上的动画明星就行了。
高帅还推荐了什么美食？	他认为迪士尼里的烤鸭披萨也_____。
别人夸卡米拉太极拳打得怎么样？	夸她_____标准，有武术_____。

Ⓑ 根据提示概括课文二的内容。

李文泰想知道上海迪士尼乐园是否值得一去，他向去过那儿的同学们了解情况。林文丽说……，一天……，她……。高帅说……，到处……，……。卡米拉说在迪士尼最美好的体验是……，还有人……，有……。听到大家对那儿的评价都这么高，李文泰……。

四、讨论。

你希望在上海迪士尼乐园得到什么样的体验？

五、活学活用。

模仿课文二，与同学分享一下自己在中国留学过程中的一次美好的体验。

练 习

一、模仿例子组词。

1. 全球： 全 校　　　 全＿＿＿　　　 全＿＿＿
2. 花园： 果 园　　　 ＿＿＿园　　　 ＿＿＿园
3. 优点： 难 点　　　 ＿＿＿点　　　 ＿＿＿点
4. 创意： 新 意　　　 ＿＿＿意　　　 ＿＿＿意

二、有感情地朗读下列句子，注意句子的语气和功能。

1. 它不仅仅是在中国建造的迪士尼乐园，更是中国的迪士尼乐园。
2. 那儿怎么样，值得一去吗？
3. 太有先见之明了。
4. 那我请教你一下，属狗的人有哪些性格特征呢？
5. 我认为迪士尼里的烤鸭披萨也值得一尝。
6. 多谢推荐，我真有点儿迫不及待了。

三、头脑风暴：小组讨论各种花在中国文化中的象征意义，并以报告的形式呈现。

课文里的：

我知道的：

同伴分享的：

四、用下列生词和语言点，介绍并评价一家跨国公司的本土化经营策略。

生词　代表、具有、融合、独具特色、创意、元素

语言点　值得一+v.、进行

拓　展

辩论：有人认为不应该自带食物进入迪士尼乐园。对于这个观点，你怎么看？请谈谈你的观点并至少给出三个理由，全班可分为两队进行辩论。

我的观点	
我的理由	1.
	2.
	3.

文化拓展

请介绍一下自己国家最具有象征意义的事物，可以是动物、植物，也可以是自然景观、建筑物等。

----

8 说话的艺术

1.解释、澄清误会
2.介绍本国语言文化习惯
3.了解说话的艺术

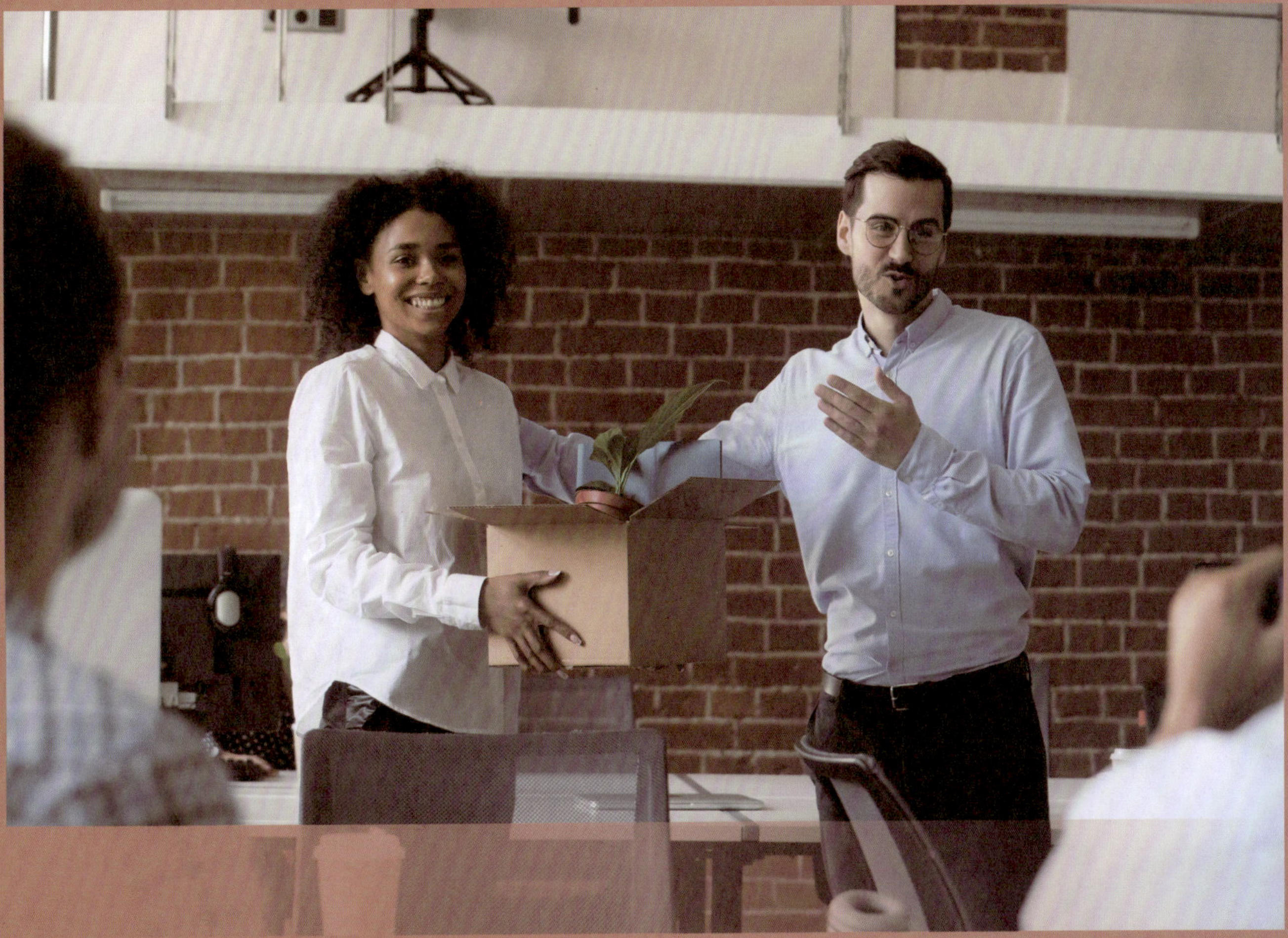

热身准备

在下列语境中，你更喜欢高帅还是马丁的回答？请谈谈你的理由。

1. 这次考试你考得不错。

这次考试也太容易了吧，连你都考得不错。

这次考试你考得真不错！

2. 情人节的时候，你在朋友圈发了一张带有一朵红玫瑰的照片。

这是不是你送给自己的花？

好甜蜜呀！

3. 今天你穿了一件新T恤。

这件T恤是淘宝爆款哪。30块两件。

你挺时髦啊。

4. 一同外出，走错了方向。

我就知道刚才不应该左转，我以为你认路，就没说。

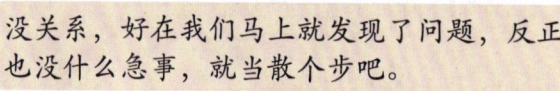
没关系，好在我们马上就发现了问题，反正也没什么急事，就当散个步吧。

5. 你说最近自己特别忙。

谁不忙啊？我更忙。

有什么我可以帮上忙的，尽管告诉我。

88

课文一 短文 🎧

（马丁正在教室里发言……）

从前有句俗话："好言一句三冬暖，恶语伤人六月寒。"这句话的意思是好话暖人心，相反，坏话则会伤人心，可见，语言的力量有多大。然而，在现实生活中，有话好好说并不是一件容易的事。就拿我来说吧，在和别人打交道的时候，我或许会一不注意就控制不好情绪，不讲究方式方法，从而导致沟通不力，甚至带来不必要的麻烦。经过认真思考，我发现只要做到以下两点，就可以掌握说话的艺术。

一是只说事实，不做评价，特别是不进行人身攻击。二是少用"总是""从不""永远"等这类过于绝对的词。假如你的朋友约会迟到了，你可以这样说："你迟到了，也不接电话，也没告诉我一声。这不是让我担心吗？"而避免说"你总是迟到，丝毫没有时间观念！"这样的话。

总之，好好说话，多说暖心话，一定不会让你吃亏。更何况，我的方法还相当实用。假如大家觉得我说得有道理，就不要犹豫，抓紧时间投入实践吧。

1. 从前	cóngqián	名 (n.)	回到～，～的生活
2. 好言	hǎoyán	名 (n.)	
3. 恶语	èyǔ	名 (n.)	
4. 相反	xiāngfǎn	连 (conj.)	
5. 导致	dǎozhì	动 (v.)	～后果，～损失
6. 沟通	gōutōng	动 (v.)	人际～，善于～，～文化
7. 不力	búlì	形 (adj.)	办事～，沟通～
8. 必要	bìyào	形 (adj.)	～的准备，～时
9. 思考	sīkǎo	动 (v.)	认真～，～人生
10. 攻击	gōngjī	动 (v.)	人身～，恶意～，对……发起～
11. 过于	guòyú	副 (adv.)	～劳累，～关注，～乐观
12. 吃亏	chīkuī	动 (v.)	害怕～，吃大亏，～是福
13. 投入	tóurù	动 (v.)	～工作，～学习，～实践
14. 实践	shíjiàn	动 (v.)	社会～，～证明，～出真知

课文二 对话 🎧

高　　帅：今天马丁的发言对我太有启发了。我曾经以为只要发音准确、语法正确就等于学好外语了。现在才发现其实说话的内容和方式才是沟通的关键。不然，即使发音地道、语法完美，沟通效果也未必良好。

山口和也：是吗？

高　　帅：是的！你是不是认为我的观点比较奇特？

山口和也：没有啊。我赞成。

高　　帅：那你为什么问我"是吗"？我以为你是不赞成我的意见，才打断我的话呢。说实话，刚才我心里真的有点不安。

山口和也：是吗？其实是这样的，我们日本人认为，愉快的沟通在于双方的共同努力。我刚才说"是吗"，为的是表示我对你的话感兴趣，正在专心地听。真不好意思，我把老习惯带到中文中来了。本来是想表示一下礼貌，没想到不但没达到预期的效果，反而造成了误会。

高　　帅：哪里，我还要谢谢你呢。多亏你的一番解释，我才知道"是吗"在日语里的言外之意。看来，要真正掌握语言的艺术，还必须了解、尊重对方的语言文化习惯啊。

山口和也：言之有理。

15. 发言	fāyán	名 (n.)	
16. 启发	qǐfā	动 (v.)	~学生，受到~
17. 奇特	qítè	形 (adj.)	
18. 赞成	zànchéng	动 (v.)	一致~，表示~
19. 说实话	shuō shíhuà		
20. 不安	bù'ān	形 (adj.)	感到~，~的感觉
21. 反而	fǎn'é	副 (adv.)	~更好
22. 误会	wùhuì	名/动 (n./v.)	造成~；~他人
23. 番	fān	量 (mw.)	一~解释，一~话
24. 言外之意	yánwàizhīyì		
25. 掌握	zhǎngwò	动 (v.)	~情况，全面~，准确~
26. 预期	yùqī	动 (v.)	~的效果，心理~

| 27. 尊重 | zūnzhòng | 动（v.） | 值得～，互相～ |
| 28. 言之有理 | yánzhī-yǒulǐ | | |

语言点讲练

一、"相反"

形容词，表示事物互相对立或互相排斥。

（一）作谓语

例：

1. 我们的看法完全相反。

（二）修饰名词

例：**相反**的意见　　**相反**的方向

（三）作插入语，在两个句子中表递进或转折。

例：

1. 这次失败并没有使她灰心，**相反**，更增加了她学习的动力。

2. 好话暖人心，**相反**，坏话则会伤人心。

用"相反"完成对话。

1. A: 中文真难学。

    B: _____

2. A: 对于"好言一句三冬暖，恶语伤人六月寒"这句中国俗话，你是怎么理解的？

    B: _____

二、"不但不（没）……反而……"

递进复句的关联词语。前一分句表示否定，后一分句表示肯定，用对立的方式来表现两个分句之间的递进关系。

例：

1. 雨**不但没**停，**反而**越下越大了。

2. 这些鸟叫声**不但不**显得喧闹，**反而**显得树林更加安静了。

用"不但不（没）……反而……"造句。

1. _____

2. _____

课文一 会话实践

一、根据课文一的内容回答问题。

1. 好好说话是一件特别容易的事，对吗？

2. 什么情况会导致沟通不力？

3. 过于绝对的词有哪些？

4. 马丁觉得他的方法怎么样？

92

二、根据提示复述课文一。

Ⓐ　两人一组一问一答，根据提示复述课文一。

中国有句俗话，意思是好话暖人心，相反，坏话则会伤人心，这句俗话怎么说的？	"_____一句三冬暖，_____伤人六月寒"。
说话不讲究方式方法的后果是什么？	会导致_____，甚至带来不_____的麻烦。
马丁认为怎样才能掌握说话的艺术？	一是只说事实，不做_____，特别是不进行人身_____。二是少用"总是""从不""永远"等_____过于_____的词。

Ⓑ

　　从前有句俗话："……，……。" 这句话的意思是……，相反，……。可见，……。然而，……，……。就拿我来说吧，在和……，我……，不……，从而……，甚至……。经过认真思考，我发现……，就……。

　　一是……，……，特别……。二是……。假如……，你可以这样说："……，也……，也……。这不是……？" 而避免……。

　　总之，……，……，一定……。更何况，我的……。假如……，就……，……。

三、讨论。

你同意马丁的看法吗？为什么？

四、活学活用。

模仿课文一，介绍一句你喜欢的中国俗话。

课文二 会话实践

一、根据课文二的内容回答问题。

1. 高帅怎么评价马丁的发言？
2. 高帅过去认为学好外语的标准是什么？
3. 听了马丁的发言，高帅发现什么才是沟通的关键？
4. 高帅认为怎样才能真正掌握语言的艺术？

二、分角色朗读课文二。

三、根据提示复述课文二。

Ⓐ 两人一组，根据提示复述课文二。

 高帅

 山口和也

○ 今天马丁的_____对我太有_____了。我曾经以为只要发音准确、语法正确就等于学好外语了。现在才发现其实说话的内容和方式才是_____的关键。不然，即使发音地道、语法完美，沟通效果也_____良好。

○ 是的！你是不是认为我的观点比较_____？

○ 那你为什么问我"是吗"？我以为你是不赞成我的意见，才打断我的话呢。_____，刚才我心里真的有点_____。

○ 哪里，我还要谢谢你呢。多亏你的一_____解释，我才知道"是吗"在日语里的_____。看来，要真正_____语言的艺术，还必须了解、尊重对方的语言文化习惯啊。

○ 是吗？

○ 没有啊。我_____。

○ 是吗？_____是这样的，我们日本人认为，愉快的_____在于双方的共同努力。我刚才说"是吗"，_____表示我对你的话感兴趣，正在专心地听。真不好意思，我把老习惯带到中文中来了。本来是想表示一下礼貌，没想到不但没达到预期的效果，反而造成了_____。

○ _____。

Ⓑ　根据提示概括课文二的内容。

　　高帅从马丁的发言中受到了很大的启发。他曾经以为……。现在才发现……。山口和也对此表示赞同。不过他们两人发生了一个小误会，山口……，高帅以为……。山口说日本人认为，……。他刚才……，为的是……，正在……。山口说真不……，他把……。本来……，没想到……，反而……。经过山口和也的一番解释，高帅明白必须……，才能真正掌握语言的艺术。

四、讨论。

发音准确、语法正确是不是就等于学好外语了？为什么？

五、活学活用。

模仿课文二进行对话，介绍一下在你们国家，怎样做才能进行愉快的沟通？

练 习

一、模仿例子组词。

1. 力量：　能 量　　　＿＿量　　　＿＿量
2. 吃亏：　吃 力　　　吃＿＿　　　吃＿＿
3. 专心：　暖 心　　　＿＿心　　　＿＿心
4. 有道理：有 用　　　有＿＿　　　有＿＿

二、有感情地朗读下列句子，注意句子的语气和功能。

1. 从前有句俗话："好言一句三冬暖，恶语伤人六月寒。"
2. 你迟到了，也不接电话，也没告诉我一声。这不是让我担心吗？
3. 你是不是认为我的观点比较奇特？
4. 说实话，刚才我心里真的有点不安。
5. 我刚才说"是吗"，为的是表示我对你的话感兴趣，正在专心地听。
6. 本来是想表示一下礼貌，没想到不但没达到预期的效果，反而造成了误会。
7. 多亏你的一番解释，我才知道"是吗"在日语里的言外之意。

三、头脑风暴：分享各国关于良好沟通的俗语，并以报告的形式呈现。

我们国家的：	
同伴分享的：	

四、用下列生词和语言点，谈谈你所了解的说话的艺术。

生词　沟通、尊重、就拿我来说、必要、预期、掌握

语言点　相反、不但不（没）……反而……

拓　展

一、辩论：中国人常说"忠言逆耳利于行"，对于这个观点，你怎么看？请结合自己的理解和经历谈谈你的观点并给出理由，全班可分为两队进行辩论。

我的观点	
我的理由	
我的经历	

二、请分享一下自己用中文进行沟通并消除误会的成功经验。

文化拓展

请在不查阅字典的情况下，谈谈你对下列成语的理解。

忠言逆耳、言之有理、言外之意、言不由衷、花言巧语、言行不一

9

没有小龙虾的夏天……

1.分析问题、商量
2.介绍一种新兴事物
3.评点菜肴

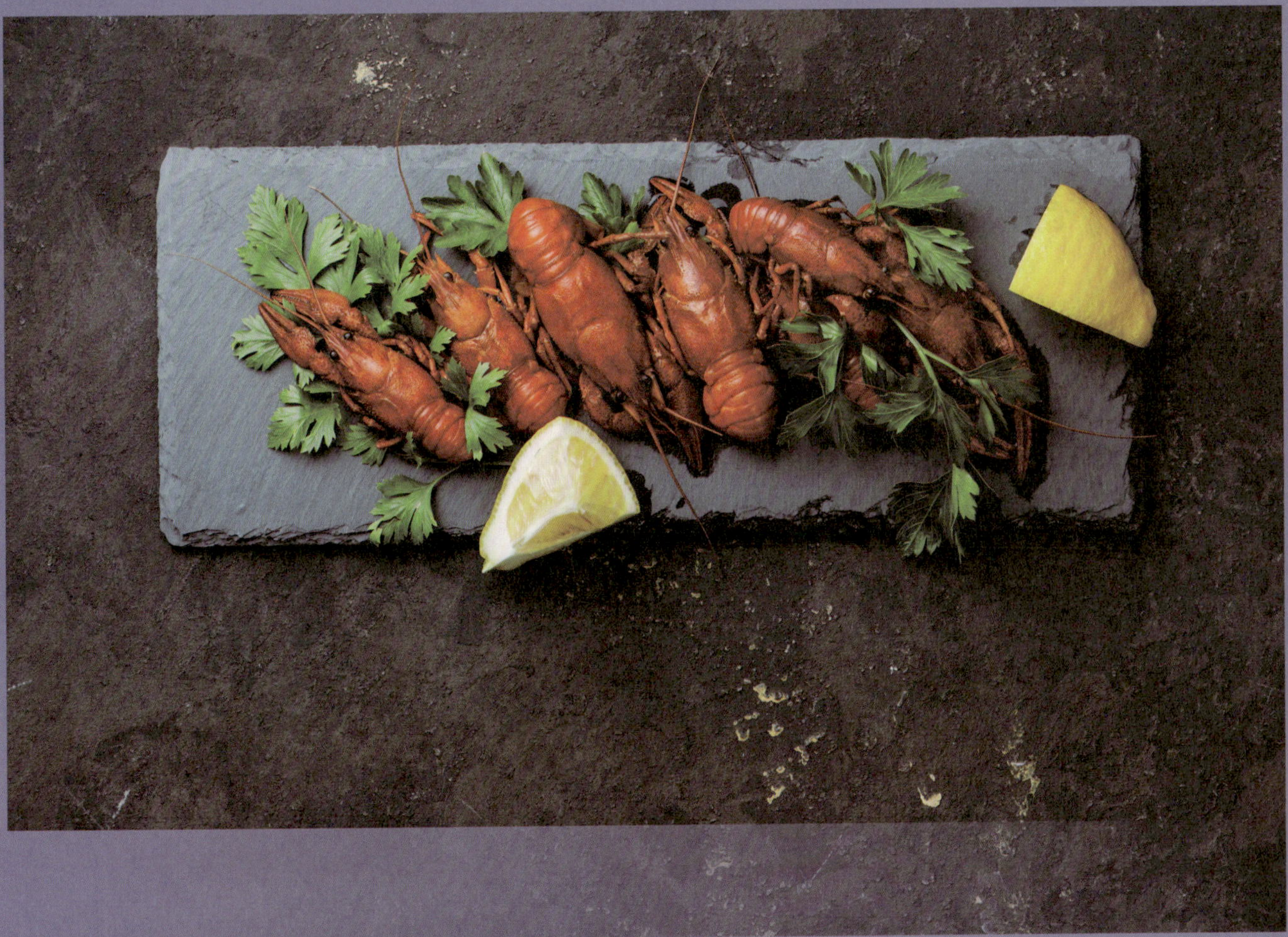

热身准备

1. 下列四张图中的食物有什么共同之处?

2. 你吃过小龙虾吗?

3. 你知道小龙虾有哪些不同的口味吗?

课文一 短文 🎧

　　有人说,在中国,没有小龙虾的夏天是不完整的。小龙虾甚至和啤酒一起成为了看球赛的必备。2018年俄罗斯世界杯开幕式那天,从晚上9点到午夜12点的短短三个小时的时间里,仅美团外卖就在全国范围内累计运送了超过150万只小龙虾,订单多得来不及送。

　　夜宵那么多,为什么偏偏小龙虾最火呢?首先,当然是因为好吃。小龙虾的好吃在于口味丰富。目前,已经开发出的小龙虾口味多达十几种,而且各有特点。最受欢迎的是十三香,其次是蒜香和麻辣。更重要的是吃小龙虾的过程气氛热烈,让人开心。现在,随着手机的普及,人们越来越习惯于聚会看手机,这种习惯让人们的感情疏远了,关系也冷淡了。而小龙虾剥起来麻烦,吃的时候还需要戴手套,这就给玩手机造成了极大的不便。于是,吃小龙虾时,人们只能跟身边的人聊天。再加上小龙虾没什么肉,吃不饱,又不占肚子,所以得一直吃,越吃越有滋味,根本停不下来。就这样,小龙虾让人们重新找回了吃饭时彼此交流的感觉,为人们提供了最佳的"社交平台"。

1. 小龙虾	xiǎolóngxiā	名 (n.)	
2. 球赛	qiúsài	名 (n.)	一场~,举办~
3. 必备	bìbèi	名 (n.)	~条件,考试~
4. 累计	lěijì	副 (adv.)	~高达,~超过
5. 运送	yùnsòng	动 (v.)	~货物,~伤员

6. 超过	chāoguò	动（v.）	～一万，～预期
7. 订单	dìngdān	名（n.）	一笔～，完成～
8. 来不及	lái·bují	副（adv.）	～完成，～学
9. 夜宵	yèxiāo	名（n.）	吃～
10. 火	huǒ	形（adj.）	
11. 开发	kāifā	动（v.）	～新产品，经济～
12. 十三香	shísānxiāng	名（n.）	
13. 蒜香	suànxiāng	名（n.）	～口味，～小龙虾
14. 麻辣	málà	名（n.）	～口味，～火锅
15. 聚会	jùhuì	名（n.）	生日～，年终～
16. 疏远	shūyuǎn	动/形（v./adj.）	～朋友；感情～，关系～
17. 冷淡	lěngdàn	形（adj.）	关系～，～下来
18. 平台	píngtái	名（n.）	提供～，销售～，社交～

注 释

美团外卖：中国的一家专业经营外卖订餐平台业务的公司。

课文二 对话 🎧

林文丽：大家看点哪种口味的小龙虾好呢？十三香是小龙虾最经典的口味，有人夸这里的十三
　　　　香小龙虾是闻起来香，吃起来更香。好想尝尝。

高　帅：好啊，我们都能吃辣，就来一份微辣的，好不好？你们看，这里的招牌是蒜蓉小龙
　　　　虾。点评里好多人推荐它，说它很入味、汤汁丰富，适合再加点配菜。听说小龙虾肉
　　　　不多，加上面条，就能既吃饱，又不浪费鲜美的汤汁了。你们说呢？

马　丁：这个点子好。对了，你们想不想试试这里的冰镇龙虾？据说，做的时候只加啤酒，不加
　　　　一滴水，吃起来鲜中带甜、酒味浓郁。不过，冰镇的价位最高，不论斤卖，论只卖。

林　达：有人评价说它最贵也最不好吃，劝大家不要点。今天是不是就别点它了？

马　丁：这里有条点评是这样说的："本来是过来吃十三香小龙虾的，没想到随便点的冰镇小

101

龙虾更好吃，非常惊喜。个头大，口感Q弹。虽然价格贵，但真的是最好的一次吃小龙虾的体验。"这么美好的感觉你们不想体验一下吗？

林文丽、高帅、林达：想啊！

19. 蒜蓉	suànróng	名 (n.)	～口味
20. 入味	rùwèi		
21. 配菜	pèicài	名 (n.)	一份～
22. 鲜美	xiānměi	形 (adj.)	味道～
23. 点子	diǎnzi	名 (n.)	金～，出～
24. 冰镇	bīngzhèn		～饮料
25. 鲜中带甜	xiānzhōng dàitián		
26. 浓郁	nóngyù	形 (adj.)	香味～
27. 价位	jiàwèi	名 (n.)	～适中，～高
28. 个头	gètóu	名 (n.)	～大，～小
29. 口感	kǒugǎn	名 (n.)	～丰富，～香甜
30. Q弹	Q tán	形 (adj.)	口感～

语言点讲练

一、"偏偏"

副词，表示主观上故意跟客观要求或客观情况相反，也可以表示真实情况与愿望、要求、常理相反，常与"要""不"合用。

例：

1. 夜宵那么多，为什么**偏偏**小龙虾最火呢？
2. 人人都喜欢听暖心话，他**偏偏**要话里带刺。
3. 他有手机，可是出门**偏偏**不带。
4. 一起吃饭时，我也想和他说说话，可他**偏偏**一直低头玩手机。

用"偏偏"完成句子。

1. 他本来打算去长城，_____。
2. 精彩的电影那么多，_____。
3. 这次算是考砸了，我复习的都没考到，_____。
4. 大家都觉得马丁人不错，_____。

二、"随着"

常用在第一个分句的开头，主要有两种用法：

（一）引出动作、行为或事物变化所跟随、依附的对象，后面通常不跟单音节词。

例：

1. 我们**随着**观夜景的人群，来到了外滩。
2. **随着**年龄、知识的不断增长，我们对于人生会明白得更多、更深、更透。

（二）引出某种结果或现象产生、出现的原因或条件。

例：

1. **随着**手机的普及，人们越来越习惯于聚会看手机。
2. 近年来，**随着**中非关系的发展，中非人民越走越近。

用"随着"完成句子。

1. _____，我对自己的中文水平越来越自信了。
2. _____，网购越来越流行了。
3. 我们对于人生的理解会_____。

三、"这"

代词，可以用在句子之间表关联，也可以回指前文出现过的人或事物，从而起到连贯语篇的作用。

例：

1. 小龙虾剥起来麻烦，吃的时候还需要戴手套，**这**就给玩手机造成了极大的不便。
2. 现在，随着手机的普及，人们越来越习惯于聚会看手机，**这种**习惯让人们的感情疏远了，关系也冷淡了。

(排列句子。)

1.

A 使自己意识到、愿意改也是进步

B 有些事没有做好

C 只要自己意识到、愿意改就是进步

D 这不要紧

E 自己没有意识到，父母、老师、同学指出来了

_____

2.

A 冰雪项目中，我爱看冰球、速滑、花样滑冰、雪地技巧

B 也需要团队配合和协作

C 特别是冰球

D 这项运动不仅需要个人力量和技巧

E 是很好的运动

_____

课文一 会话实践

一、根据课文一的内容回答问题。

1. 在中国，夏天看球赛的必备是什么？
2. 小龙虾在口味方面有什么优势？
3. 哪种口味的小龙虾最受欢迎？
4. 小龙虾为什么能成为最火的夜宵？

二、根据提示复述。

Ⓐ 有人说，在中国，没有小龙虾的夏天是不_____的。小龙虾甚至和啤酒一起成为了看球赛的_____。2018年俄罗斯世界杯_____那天，_____晚上9点到午夜12点的_____三个小时的时间里，仅美团外卖就在全国范围内累计_____了超过150万只小龙虾，订单多得_____送。

夜宵那么多，为什么_____小龙虾最火呢？首先，当然是因为好吃。小龙虾的好吃在于_____丰富。目前，已经_____出的小龙虾口味多达十几种，而且各有_____。最受欢迎的是十三香，其次是_____和麻辣。更重要的是吃小龙虾的过程气氛_____，让人开心。现在，_____手机的普及，人们越来越习惯于_____看手机，_____习惯让人们的感情_____了，关系也_____了。而小龙虾剥起来麻烦，吃的时候还需要戴手套，_____就给玩手机造成了极大的不便。_____，吃小龙虾时，人们只能跟身边的人聊天。再_____小龙虾没什么肉，吃不饱，又不_____肚子，所以得一直吃，越吃越有_____，根本停不下来。就_____，小龙虾让人们重新找回了吃饭时_____交流的感觉，为人们提供了最佳的"社交_____"。

Ⓑ
有人说，在……，……。小龙虾……。2018年……那天，……，仅……，订单……。

夜宵那么多，为什么……？首先，……。小龙虾的好吃在于……。目前，……，而且……。最受欢迎的是……，其次是……。更重要的是……，……。现在，……，人们……，这种习惯……，……。而小龙虾……，吃的时候……，这……。于是，吃……，人们……。再加上……，……，又……，所以……，越吃越……，根本……。就这样，小龙虾让……，为人们……。

三、讨论。

你觉得在你们国家，小龙虾会成为广受欢迎的美食吗？为什么？

四、活学活用。

模仿课文一，介绍一下你们国家聚会时的必备美食。

课文二 会话实践

一、根据课文二的内容回答问题。

1. 林文丽想点哪种口味的小龙虾?
2. 高帅想点哪种口味的小龙虾?
3. 马丁想点哪种口味的小龙虾?
4. 林达同意马丁的建议吗?

二、分角色朗读课文二。

三、根据提示复述课文二。

Ⓐ 四人一组，根据提示复述课文二。

 林文丽

○ 大家_____点哪种口味的小龙虾好呢?十三香是小龙虾最_____的口味，有人_____这里的十三香小龙虾是闻_____香，吃起来更香。好想尝尝。

 高帅

○ 好啊，我们都能吃_____，就_____一份微辣的，好不好? 你们看，这里的_____是蒜蓉小龙虾。点评里好多人推荐它，说它很_____、汤汁丰富，适合再加点_____。听说小龙虾肉不多，加上面条，就能既吃饱，又不浪费_____的汤汁了。你们_____呢?

马丁

○ 这个_____好。对了，你们_____试试这里的冰镇龙虾？据说，做的时候只加啤酒，不加一滴水，吃起来_____、酒味_____。不过，冰镇的_____最高，不_____斤卖，_____只卖。

○ 这里有条点评是_____说的："本来是过来吃十三香小龙虾的，没想到_____点的冰镇小龙虾更好吃，非常_____。_____大，_____Q弹。虽然价格贵，但真的是最好的一次吃小龙虾的_____。"这么美好的感觉你们_____想体验一下吗？

○ 有人评价说它最贵也最不好吃，_____大家不要点。今天_____就别点它了？

林文丽、高帅、林达

○ 想啊！

Ⓑ 根据提示概括课文二的内容。

　　林文丽、高帅、马丁和林达决定一起吃一顿小龙虾，点菜的时候每个人都发表了自己的意见。林文丽说十三香……，有的人夸……，……，好想……。高帅同意林文丽的建议，他说大家都能……，就……。不过他还提出……，点评里……，说它……，适合……。听说……，加上……，就……，又……。马丁觉得高帅的点子很好，并且提议……，据说，做的时候……，不加……，吃起来……。林达不想点冰镇龙虾，她的理由是……。不过，马丁又说有条点评……，"本来……，没想到……，非常惊喜。个头大，……。虽然……，但……。"在马丁说了这番话以后，大家终于达成了一致意见。

四、讨论。

你觉得林文丽、高帅、马丁、林达四人中，谁的话会让你动心呢？为什么？

五、活学活用。

模仿课文二进行对话，说一说你们平时点菜的故事，并记录下来。

练 习

一、模仿例子组词。

1. 订单： 账 单 ＿＿＿单 ＿＿＿单
2. 夜宵： 夜 景 夜＿＿＿ 夜＿＿＿
3. 特点： 特 长 特＿＿＿ 特＿＿＿
4. 配菜： 主 菜 ＿＿＿菜 ＿＿＿菜

二、有感情地朗读下列句子，注意句子的语气和功能。

1. 有人说，在中国，没有小龙虾的夏天是不完整的。
2. 夜宵那么多，为什么偏偏小龙虾最火呢？
3. 现在，随着手机的普及，人们越来越习惯于聚会看手机。
4. 大家看点哪种口味的小龙虾好呢？
5. 好啊，我们都能吃辣，就来一份微辣的，好不好？
6. 今天是不是就别点它了？
7. 这么美好的感觉你们不想体验一下吗？

三、头脑风暴：小组讨论，分享各国网红美食，并以报告的形式呈现。

我知道的：	
同伴分享的：	

四、用下列生词和语言点，谈谈你所了解的中国网红美食，并分析其走红的原因。

生词　火、在于、特点、受欢迎、具备、气氛

语言点　偏偏、随着、这、就这样、于是

拓　展

一、辩论。

现在很多年轻人热衷于尝试网红美食，哪怕需要排很长时间的队，他们也心甘情愿。你认为这样做值得吗？请结合自己的理解和经历谈谈你的观点，全班可分为两队进行辩论。

我的观点	
我的理由	
我的经历	

三、请分享一下自己说服别人的成功经验。

文化拓展

请在不查阅字典的情况下，谈谈你对下列成语的理解。

山珍海味、粗茶淡饭、色味俱佳、回味无穷、香飘十里、唇齿留香

----

10 “云”上生活

1.解释说明、提出倡议
2.写公开信
3.介绍生活新风尚

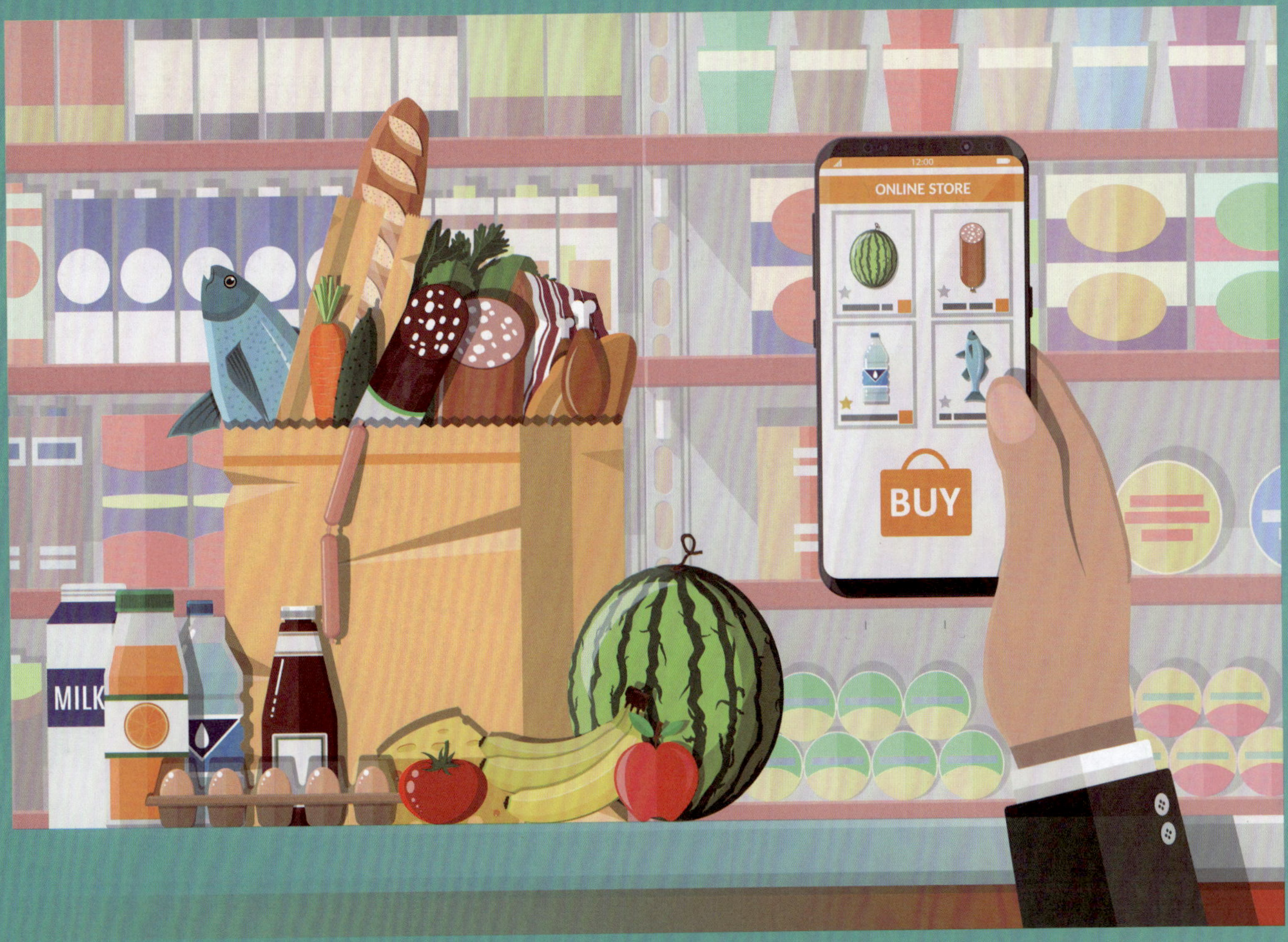

1. 提到直播课，你会想到哪些场景？
2. 你上过直播课吗？你的学习体验怎么样？

（在线直播课程进行过半，期中考试后，老师给参加课程的学员们写了一封公开信……）

亲爱的同学们：

期中考试结束了，我们班总体情况不错，考试成绩分布在80分到99分之间。

我们一起通过在线直播的方式度过了这段难忘的时光，虽然你我只在直播课上见过，但是你们每个人我都是放在心上的。作为你们的老师，我很开心能见证你们的努力和进步。不管你取得的成绩如何，你为此所付出的努力都值得尊敬。

为了能让大家在接下来的在线学习中更好地适应直播课，积极参与课堂活动，提高学习效率，我建议大家要及时总结经验，调整状态，合理安排，确定好下一阶段的学习目标，按照目标，努力前进。另外，也请大家克服困难，准时出席每一次的直播课，并且开启摄像头。有任何问题，都欢迎你们在直播课上提出来，我们一起讨论，一起进步，一起创造学习新风尚！

你们以后的人生之路还很长，努力永远不会被辜负——这一点生活迟早会证明给你看。现在，老师也和大家分享一首我个人最喜爱的歌——《葡萄园夜曲》。祝愿大家收获满满，学习进步，生活愉快！

李东

1. 总体	zǒngtǐ	名 (n.)	～情况，～设计，～上
2. 见证	jiànzhèng	动/名 (v./n.)	～历史，～人；做～
3. 适应	shìyìng	动 (v.)	～变化，～环境，～生活
4. 直播	zhíbō	动 (v.)	～课，在线～，～间
5. 参与	cānyù	动 (v.)	～管理，～投资，积极～
6. 课堂活动	kètáng huódòng		参与～，设计～
7. 按照	ànzhào	介 (prep.)	～要求，～计划，～惯例

8. 出席	chūxí	动 (v.)	～会议，准时～，～记录
9. 开启	kāiqǐ	动 (v.)	自动～，～闸门
10. 摄像头	shèxiàngtóu	名 (n.)	开启～，打开～，关闭～
11. 讨论	tǎolùn	动 (v.)	进行～，参加～，～会
12. 创造	chuàngzào	动 (v.)	～纪录，～奇迹，～历史
13. 风尚	fēngshàng	名 (n.)	时代～，社会～，创造～
14. 祝愿	zhùyuàn	动 (v.)	衷心～

注 释

1.《葡萄园夜曲》是一首诞生于1996年的著名女声合唱作品，由吴国平作词，陆在易作曲。该作品描绘了夜色之中葡萄园美丽的景色，让听众不仅感受到音乐艺术之美，也感受到自然世界之美。

课文二 对话 🎧

（白雪和张东买房后搬入了新家，白雪打电话邀请马丁来新家吃饭……）

白雪：马丁，听说你最近又是"云"上学习，又是线下学习，特别辛苦。

马丁：辛苦是自然的了，不过，话又说回来，这种"混合"式学习既充实，又高效，我这是辛苦并快乐着呀！

白雪：哈哈，真有你的！这样吧，周末放松一下，来我们新家吃顿便饭，可好？

马丁：好是好，不过你和张东忙了一星期，好不容易休息两天，还要专门为我准备饭菜，我心里过意不去啊。不如就近找个饭店吧。

白雪：饭店哪里有我们家好啊？反正，你不来，我们也是要做饭的，你来不过添一双筷子的事儿。

马丁：你们不做"外卖族"啦？

白雪：吃外卖是没有办法的办法。以前主要是因为没工夫、没力气经常去市场采购，懒得做饭，只好叫外卖。现在情况变了。买菜可以在APP上下单，各种食材应有尽有，新鲜美味，最快半小时就能送到家，省心省力。我和张东一起合作，轻轻松松就能搞定一顿饭。

马丁：你们这是"男女搭配，干活不累"。我还听说夫妻一起做家务的话，感情会更融洽。

白雪：吃着自己亲手煮的美味，幸福感满满的，哪里还有心情吵架啊。"云"上生活创造新风
　　　尚，让我爱上当"家庭煮妇"。我俩已经开发出好几个"零失败"的拿手菜，就等你来
　　　品鉴啦。

马丁：好嘞，有佳肴怎么可以没有美酒？聚会的美酒就包在我这个法国人身上啦。

15. 充实	chōngshí	形（adj.）	生活～，内容～
16. 顿	dùn	量（mw.）	一～饭，骂一～
17. 便饭	biànfàn	名（n.）	
18. 过意不去	guòyì búqù		
19. 就近	jiùjìn	副（adv.）	～购买，～上学，～求医
20. 力气	lìqi	名（n.）	有～，没有～
21. 采购	cǎigòu	动（v.）	政府～，～商品
22. 懒得	lǎnde	动（v.）	～做饭
23. 只好	zhǐhǎo	副（adv.）	

24.	食材	shícái	名 (n.)	健康~，烹饪~，新鲜~
25.	应有尽有	yīngyǒu-jìnyǒu		
26.	省	shěng	动 (v.)	~心，~时间，~钱
27.	融洽	róngqià	形 (adj.)	关系~，气氛~，相处~
28.	亲手	qīnshǒu	副 (adv.)	
29.	煮	zhǔ	动 (v.)	~面条
30.	失败	shībài	动 (v.)	比赛~，考试~，任务~
31.	拿手	náshǒu	形 (adj.)	~菜，很~
32.	品鉴	pǐnjiàn	动 (v.)	
33.	佳肴	jiāyáo	名 (n.)	美味~，美酒~，一桌~

注 释

1. 辛苦并快乐着："A并B着"是流行语，A和B往往是意思相反的两个形容词，表示的意思是"尽管A，但是B"。例如"痛并快乐着""悲伤并坚强着"。

2. 好嘞：意思是好的、没问题、可以。语气比较轻快，用来表示痛快而热情地答应了某事。

语言点讲练

一、"按照"

介词，用来引出动作、行为的凭借或依据，跟"说""说来""来说"等搭配，以强调所根据的事理。此时，"按照"和"按"的意义和用法基本相同。但需要注意的是"按照"后面不能接单音节词，而"按"可以接表示单位的时间名词或量词。

例：

1. 我特别希望父母能**按**（照）我的想法来布置我的房间。
2. **按照**你的表现，一定能申请到奖学金。
3. 停车费**按**小时计费。
4. 苹果的价格**按**箱算，一箱100块。

判断句子正误。

（　　）1. 冰镇龙虾比较贵，按照只点。

（　　）2. 这件事就按照你的意思办吧。

（　　）3. 按理说，同样的商品在网上购买不应该比在实体店买贵啊。

（　　）4. 按照惯例，年终我们公司都会发员工红包。

（　　）5. 按照年交房租经济压力会比较大。

二、"经过"

介词，表示经历了某个过程而出现某种结果或状态。

例：

1. **经过**一天的工作，他常常累得做不动饭。

2. **经过**他的一番解释，员工们消除了误会。

3. **经过**消毒，我们可以放心使用公共餐具。

用"经过"回答问题。

1. 他为什么常常叫外卖？

_____

2. 你是怎么学会这个成语的？

_____

3. 食堂的餐具是公用的，会不会不卫生呢？

_____

三、"而"

连词，连接目的、原因等句子成分。常见搭配有"为……而……""为了……而……""随着……而……""通过……而……""因（为）……而……""经过……而……"等。

例：

1. 他**为**实现梦想**而**选择留学中国。

2. 梦想有时会**随着**年龄的增长**而**改变。

3. 这次考试，我**通过**努力**而**获得了好成绩。

4. 人不是**因（为）**美丽**而**可爱，**而是因（为）**可爱**而**美丽。

5. 爱迪生**经过**1001次实验**而**成功发明了电灯。

按要求改写句子。

1. 随着季节的变化，树叶的颜色也会变化。（随着……而……）

_____

2. 为了尽快提高中文水平，他来到中国留学。（为……而……）

_____

3. 人工智能的出现会大大改变我们的世界。（因（为）……而……）

_____

4. 经过多年的努力，他终于获得了成功。（经过……而……）

_____

5. 他通过自身的努力，终于获得了奖学金。（通过……而……）

_____

课文一　会话实践

一、根据课文一的内容回答问题。

1. 这次期中考试，同学们考得怎么样？
2. 老师对同学们在这次期中考试中的表现满意不满意？
3. 老师是怎么看待每个同学的具体分数的？
4. 老师在学习方面对同学们提出了哪些倡议？

二、根据提示复述课文一。

Ⓐ　期中考试结束了，我们班_____情况不错，考试成绩_____在80分到99分之间。

我们一起通过在线_____的方式度过了这段难忘的时光，虽然你我只在直播课上见过，但是你们每个人我都是_____在心上的。作为你们的老师，我很开心能_____你们的努力和进步。不管你取得的成绩如何，你_____所付出的努力都值得尊敬。

为了能让大家在接下来的在线学习中更好地_____直播课，积极_____课堂活动，提高学习效率，我_____大家要及时总结经验，调整状态，_____安排，确定好下一_____的学习目标，按照_____，努力前进。_____，也请大家克服困难，准时_____每一次的直播课，并且_____摄像头。有任何问题，都_____你们在直播课上提出来，我们一起讨论，一起进步，一起创造学习新_____！

　　你们以后的_____之路还很长，努力永远不会被_____——这一点生活迟早会证明给你看。现在，老师也和大家_____一首我个人最喜爱的歌——《葡萄园夜曲》。祝愿大家_____满满，学习进步，生活愉快！

Ⓑ

　　期中考试结束了，我们班……，考试成绩……。

　　我们一起通过在线直播的方式……，虽然……，但是……。作为你们的老师，我很开心……。不管你取得的成绩如何，你……都值得尊敬。

　　为了……，积极……，提高……，我建议……，……，……，确定……，按照……，……。另外，也……，准时……，并且……。有任何问题，都欢迎……，我们……，一起……，一起……！

　　你们……，努力永远不会被辜负——这一点……。现在，老师……。祝愿……，学习进步，……！

三、讨论。

听《葡萄园夜曲》，熟悉歌词，并谈谈李老师为什么要在信的最后部分与同学们分享这首歌。

四、活学活用。

模仿课文一，以班长的身份写一封公开信给老师，希望老师能及时了解同学们的学习需求，创造一个更好的学习环境。

课文二 会话实践

一、根据课文二的内容回答问题。

1. 马丁一开始为什么不愿意去白雪家吃饭？

2. 白雪和张东过去常常自己做饭吗？

3. 白雪和张东真心喜欢叫外卖吗？
4. 马丁会带什么礼物去白雪家呢？

二、分角色朗读课文二。

三、根据提示复述课文二。

Ⓐ 两人一组，根据提示复述课文二。

 白雪

○ 马丁，听说你最近又是"云"上学习，又是
线下学习，特别_____。

○ 哈哈，真有你的！这样吧，周末_____
一下，来我们新家吃顿_____，可好？

○ 饭店_____有我们家好啊？_____，
你不来，我们也是要做饭的，你来_____添
一双筷子的事儿。

○ 吃外卖是没有_____的_____。
以前_____是因为没_____、没
_____经常去市场_____，_____
做饭，_____叫外卖。现在_____变
了。买菜可以在APP上_____，各种食材
_____，新鲜美味，最快半小时
就能送到家，_____心_____力。我和张东
一起合作，_____就能搞定一
_____饭。

○ 吃着自己亲手_____的美味，幸福感满
满的，哪里还有_____吵架啊。"云"上
生活_____新_____，让我_____
当"家庭煮妇"。我俩已经开发出好几个"零
_____"的拿手菜，就等你来_____啦。

 马丁

○ 辛苦是自然的了，不过，话又说回来，
这种"混合"式学习既_____，又高
效，我这是辛苦并_____着呀！

○ 好是好，不过你和张东忙了一星期，好
不_____休息两天，还要_____为
我准备饭菜，我心里_____啊。不如
_____找个饭店吧。

○ 你们不做"外卖_____"啦？

○ 你们这是"男女_____，干活不
_____"。我还听说_____一起做
家务的话，感情会更_____。

○ 好嘞，有_____怎么可以没有美酒？
_____的美酒就_____在我这个法
国人身上啦。

B 根据提示概括课文二的内容。

白雪邀请马丁周末去她的新家吃顿便饭，可是马丁推辞了，他说……，好不容易……，还要……，不如……。白雪坚持认为做饭不麻烦，反正，……，……，马丁来不过……。过去，白雪和张东之所以做"外卖族"，是因为……，懒得……，只好……。现在情况变了，买菜可以……，各种食材……，……，最快……，……。白雪和张东一起合作，……。马丁也听说……，……。白雪说吃着……，……，哪里……。"云"上生活……，让她……。她和张东……，就等马丁……。马丁欣然同意，并说……？聚会的……。

四、讨论。

在什么情况下，你愿意自己做饭呢？

五、活学活用。

下列生活方式各有什么优缺点？你喜欢哪种方式？请完成表格，并模仿课文二进行对话。

生活方式	优点	缺点
自己做饭		
叫外卖		
在饭店或食堂吃饭		
吃家人做的饭		

练 习

一、模仿例子组词。

1. 直播课： _录播_ 课　　　____课　　　____课
2. 出席： _缺_ 席　　　____席　　　____席
3. 讨论： _评_ 论　　　____论　　　____论
4. 收获满满： _幸福_ 满满　　　____满满　　　____满满

二、有感情地朗读下列句子，注意句子的语气和功能。

1. 虽然你我只在直播课上见过，但是你们每个人我都是放在心上的。

2. 作为你们的老师，我很开心能见证你们的努力和进步。

3. 我们一起讨论，一起进步，一起创造学习新风尚！

4. 你们以后的人生之路还很长，努力永远不会被辜负——这一点生活迟早会证明给你看。

5. 反正你不来，我们也是要做饭的，你来不过添一双筷子的事儿。

6. 吃外卖是没有办法的办法。

7. 你们这是"男女搭配，干活不累"。

三、调查一下班级同学自己做饭的情况，了解一下大家做饭或不做饭的原因，并完成表格。

姓名	平时自己是否常常做饭	做饭/不做饭的原因

四、用下列生词和语言点，谈谈你们国家最近的生活新风尚。

生词　原因、主要、客观、省、懒得、惊喜、风尚

语言点　按照、经过、而

拓　展

一、辩论。

线下面授课好还是线上直播课好？请谈谈你的观点，并至少给出三个理由，全班可分为两队进行辩论。

我的观点	
我的理由	1.
	2.
	3.

二、头脑风暴。

随着时代的发展，汉语的学习方式也在发生着变化。现在，除了传统的面授课外，还有很多其他的授课方式，如慕课（MOOC）、直播课、录播课等等。请推荐一种你最喜欢的方式并说明理由。

我的推荐	
我的理由	

谈谈你对下列词语的理解以及它们对世界的影响。

人工智能、智能家居、在线教学、智慧城市、虚拟现实

11 双十一

1.投诉、陈述
2.谈论新事物的诞生及成长
3.了解在线与客服进行沟通的技巧

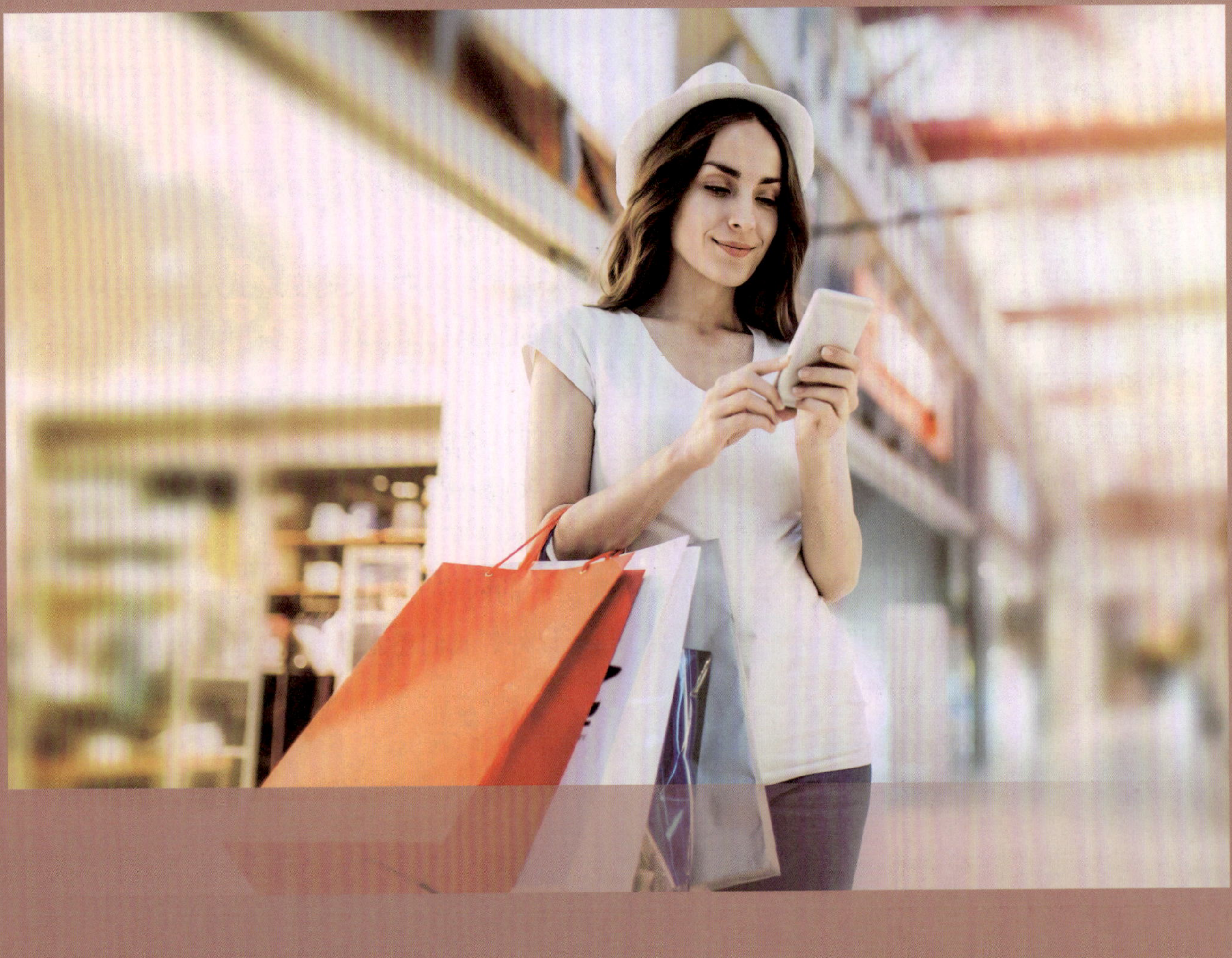

热身准备

趣味测试：你是几星网购达人？（答对一题得一星）

1. 哪种店铺信誉等级更高？

    A. 皇冠　　　　　　B. 钻石　　　　　　C. 红心

2. 网购时，在线客服常常称呼你：

    A. 朋友　　　　　　B. 亲

3. 如果你对网购到的东西很满意，就给它：

    A. 差评　　　　　　B. 好评

4. 双十一是中国的一个传统节日，对吗？

    A. 对　　　　　　　B. 错

5. 中国人一般会在双十一这天做什么？

    A. 吃饺子　　　　　B. 网购

测试结果：我是＿＿＿＿＿＿星网购达人

课文一 短文 🎧

　　现在，网购已经逐渐成为人们主流的消费模式，并给人们的日常生活带来了深刻的影响。网络流行文化与商业需求的结合促使各种"人造节"应运而生。

　　双十一购物狂欢节是目前中国最著名的网络"人造节"。其成长速度超乎人们的想象，屡创奇迹。当日销售额从2009年的0.5亿元提升到2019年的2684亿元，双十一只用了十年。上线品牌最初只有27个，而在其诞生的第十一年则超过了20万个。

　　自从有了双十一购物狂欢节，11月11日这个平常的日子便有了特别的意义。许多商家发现双十一一天的销量占到全年销量的一半，甚至更多。双十一成为了消费者和商家共同的节日，消费者买得开心，商家卖得快乐，网购平台充满了节日的欢乐气氛。双十一来了，"517"吃货节来了，"520"网络情人节来了……相信还会有更多的网络"人造节"被不断制造出来。然而，在这些时尚的人造节日里，除了"买、买、买"以外，我们还能有哪些其他的收获呢？

1.	网购	wǎnggòu	动/名 (v./n.)	
2.	逐渐	zhújiàn	副 (adv.)	～改变，～提高，～减少
3.	主流	zhǔliú	名 (n.)	～思想，～模式，～支付方式

4. 商业	shāngyè	名 (n.)	发展~，~前景，~谈判
5. 人造	rénzào	形 (adj.)	~革，~卫星
6. 应运而生	yìngyùn-érshēng		
7. 狂欢节	kuánghuān jié	名 (n.)	
8. 超乎想象	chāohū xiǎngxiàng		超乎……的想象
9. 奇迹	qíjì	名 (n.)	屡创~，商业~，伟大的~
10. 亿	yì	数 (num.)	上~，十多~，几十~
11. 提升	tíshēng	动 (v.)	~销售额，~质量
12. 品牌	pǐnpái	名 (n.)	
13. 消费	xiāofèi	动 (v.)	~者，~品，高~
14. 商家	shāngjiā	名 (n.)	
15. 吃货	chīhuò	名 (n.)	
16. 制造	zhìzào	动 (v.)	~产品，中国~，~出来

课文二 对话 🎧

（高帅在双十一这天网购了三盒咖啡，然而赠品数量出了问题……）

高　　帅：你好！这款咖啡我买了三盒。按照你们的广告所承诺的，总共应该送我六包咖啡。可是，事实上，你们只送了我两包咖啡。这是什么情况啊？

淘宝客服：亲，不好意思，我们家的赠品都是不叠加的。

高　　帅：你们的广告宣传语明明写的是"买一赠二"，为什么不能叠加呢？我希望你们尽快补给我四包咖啡。

淘宝客服：是的，买一盒就送两包，但是不叠加的。

高　　帅：广告上并没有写不叠加。你这样的解读有明显的错误，太不讲道理了。既然是你们的错，你们应不应该补给我咖啡？请你给我一个说法。

淘宝客服：亲，这款咖啡的价格本身已经比原价便宜了十元哦。

高　　帅：我们现在讨论的是赠品的数量。你们的广告说明有问题，不合逻辑。如果赠品不叠加，就应该写清楚不叠加，或者写上"首件买一赠二"。你现在的解释显然是不合理的。你们这么做，实在说不过去，你看怎么办？

淘宝客服：亲，虽然出现这种状况不是我们主观故意的，但是我仍然要向你表示歉意。我和老板沟通好了，我们马上给您再补发四包咖啡。

高　　帅：让你费心了！希望你们虚心接受我的意见，尽快改正广告上的错误。"亡羊补牢，为时不晚。"

17.	总共	zǒnggòng	副 (adv.)	～六包，～五个，～多少
18.	赠	zèng	动 (v.)	～送，买一～一，～品
19.	叠加	diéjiā	动 (v.)	～优惠，～折扣
20.	宣传	xuānchuán	动 (v.)	～推广，～思想，广泛～
21.	补	bǔ	动 (v.)	～发，～作业
22.	解读	jiědú	名 (n.)	对……的～
23.	状况	zhuàngkuàng	名 (n.)	经济～，身体～，天气～
24.	主观	zhǔguān	形 (adj.)	～想法，～条件，～愿望
25.	老板	lǎobǎn	名 (n.)	当～，公司～，大～
26.	虚心	xūxīn	形 (adj.)	～接受，～听取，～的态度
27.	改正	gǎizhèng	动 (v.)	～错误，～缺点，～过来
28.	亡羊补牢	wángyáng-bǔláo		
29.	为时不晚	wéishí-bùwǎn		

语言点讲练

一、谐音

谐音是指借助音同或者音近的语音特点来表达意思，从而造成一种特殊修辞效果的语言现象。汉语中存在大量的同音词和近音词，因此，在生活中，人们往往习惯借用一些同音或近音的词语或数字来表达祝福、进行创新。

例：

5月17日之所以被认定为吃货节，是因为数字"517"的谐音为"我要吃"。

猜一猜。

1. 5月20日之所以被认定为网络情人节，是因为：＿＿＿＿＿＿＿

　　A. 数字"520"的谐音为"我爱你"。　　B. 五月天气好，不冷也不热，适合表白。

2. 中国人去朋友家的时候，喜欢买点儿苹果，这是因为：＿＿＿＿＿＿＿

　　A. 苹果味道好。　　　　　　　　　　B. 苹果的"苹"和平安的"平"谐音。

3. 2013年1月4日被网友们称为"万年真爱日"，这一天结婚的人特别多。这和数字"201314"的谐音"爱你一生一世"＿＿＿＿＿＿＿。

　　A. 有关系　　　　　　　　　　　　　B. 没有关系

二、"其"

代词，表示"他（她、它）""他（她、它）们""他（她、它）的""他（她、它）们的"。在书面语中，常用于指代前文出现的人或事物。

例：

1. 双十一是目前中国最著名的网络"人造节"。上线品牌在**其**诞生的第十一年超过了20万个。

　　（这里的"其"的意思是"它"，指代"双十一"。）

2. 双十一购物狂欢节是目前中国最著名的网络"人造节"。**其**成长速度超乎人们的想象，屡创奇迹。

　　（这里的"其"的意思是"它的"，指代"双十一购物狂欢节"。）

请用"其"改写下列句子。

1. 如果用方形玻璃容器套在西瓜上，任它生长，西瓜就会长成方形。

＿＿＿＿＿＿＿＿＿＿＿＿＿＿＿＿＿＿＿＿＿＿＿＿＿＿＿＿＿＿＿＿＿＿＿＿＿

2. 周有光以他对汉语拼音的制定和推广所作出的杰出贡献，被称为"汉语拼音之父"。

_____

3. 我们学习新词时，一定要了解它的用法。

_____

课文一 会话实践

一、根据课文一的内容回答问题。

1. 网购一直都是人们的主流消费模式吗？
2. 中国最著名的网络"人造节"是什么节？
3. 双十一的成长状况如何？
4. 11月11日这个原本平常的日子现在为什么会有特别的意义？

二、根据提示复述课文一。

Ⓐ 现在，网购已经逐渐成为人们主流的_____，并给人们的日常生活带来了_____的影响。网络流行文化与商业需求的结合促使各种"_____"应运而生。

双十一购物狂欢节是目前中国最著名的网络"人造节"。其成长速度超乎人们_____，屡创奇迹。当日销售额从2009年的0.5_____提升到2019年的2684_____，双十一只用了十年。上线品牌最初只有27个，而在其_____的第十一年则超过了20万个。

自从有了双十一购物狂欢节，11月11日这个平常的日子便有了特别的_____。许多商家_____双十一一天的销量占到全年销量的一半，甚至更多。双十一成为了消费者和商家共同的节日，消费者_____得开心，商家_____得快乐，网购平台充满了节日的_____气氛。双十一来了，"517"吃货节来了，"520"网络情人节来了……相信还会有更多的网络"_____"被不断制造_____。然而，在这些_____的人造节日里，除了"买、买、买"以外，我们还能有_____其他的收获呢？

Ⓑ

　　现在，网购已经……，并给人们的日常生活……。……与……的结

合促使……。

　　双十一购物狂欢节是……。……超乎人们的想象，屡创奇迹。

……从2009年的0.5亿元提升到2019年的2684亿元，双十一只用了十年。

……最初只有27个，而……超过了20万个。

　　……双十一购物狂欢节，11月11日……便有了特别的意义。……

双十一一天的销量占到全年销量的一半，甚至更多。双十一成为了

……的节日，……，……，……。双十一来了，"517"吃货节来了，

"520"网络情人节来了……相信还会有更多的网络"人造节"……。

然而，……，除了……，……？

三、讨论。

你认为在时尚的人造节日里，除了"买、买、买"以外，还可以有哪些其他的收获？

四、活学活用。

模仿课文一，介绍一个你们国家的人造节。

课文二 会话实践

一、根据课文二的内容回答问题。

1. 高帅这次网购体验好不好？为什么？

2. 高帅和商家对"买一赠二"的解读是一样的吗？

3. 高帅对商家提出了什么要求？

4. 最后商家答应高帅的要求了吗？

二、分角色朗读课文二。

三、根据提示复述课文二。

Ⓐ 两人一组一问一答，根据提示复述课文二。

当高帅发现他网购的咖啡赠品数量出现了问题时，他是怎么跟客服说的？	你好！这款咖啡我买了三盒。按照……，总共应该……。可是，事实上，你们只送了我两包咖啡。……？
当高帅向客服提出要求时，他是怎么说的？	你们的广告宣传语明明写的是"买一赠二"，……？……。
当高帅对客服的回复不满意时，他是怎么说的？	广告上并没有写不叠加。你这样的解读有明显的错误，……。既然……，你们应不应该……？……。 我们现在讨论的是赠品的数量。你们的……，……。如果……，就……，或者……。你现在……。你们这么做，……，你看怎么办？
客服按照高帅的要求解决好问题后，高帅说了什么？	让你……！希望……，尽快……。
高帅最后提出建议时，用了哪两个成语？	……，……。

Ⓑ 根据提示概括课文二的内容。

　　网购有时也会出问题，就拿高帅来说吧。一次，他网购了三盒咖啡，按照广告上"＿＿＿＿＿＿"的承诺，高帅认为商家＿＿＿＿＿送他六包咖啡，而商家对"买一赠二"的＿＿＿＿＿却是"首件买一赠二"，所以只送了他两包咖啡。高帅认为这是不合理的，如果赠品不能＿＿＿＿＿，就应该在广告上写＿＿＿＿＿，他要求商家＿＿＿＿＿咖啡。最后，商家表示出现这种＿＿＿＿＿不是他们主观故意的，他们愿意给高帅＿＿＿＿＿四包咖啡。高帅向客服＿＿＿＿＿了感谢，并且劝他们尽快＿＿＿＿＿广告上的错误。

四、讨论。

为什么广告宣传语不可全信？请结合个人经历谈谈你的看法。

五、活学活用。

两人一组，模仿课文二进行对话，对话内容为向在线客服投诉，并请客服帮助解决问题。
情景1：网购了一件大号的衣服，结果收到的是一件小号的衣服。
情景2：网购了五支笔，结果只收到三支笔。
情景3：网购了一个杯子，应该三天就可以收到，可是过了一个星期商家都没发货。

一、模仿例子组词。

1. 模式： <u>款</u> 式　　　　____式　　　____式
2. 网购：网 <u>考</u>　　　　网____　　　网____
3. 人造节：人造 <u>肉</u>　　人造____　　人造____
4. 销量： <u>播放</u> 量　　　____量　　　____量

二、有感情地朗读下列句子，注意句子的语气和功能。

1. 这是什么情况啊？
2. 你们的广告宣传语明明写的是"买一赠二"，为什么不能叠加呢？
3. 你这样的解读有明显的错误，太不讲道理了。
4. 请你给我一个说法。
5. 你们的广告说明有问题，不合逻辑。
6. 你现在的解释显然是不合理的。
7. 你们这么做，实在说不过去，你看怎么办？

三、头脑风暴：分小组讨论，并收集一些进行沟通或投诉时较为有效的句子。

_____

_____

_____

四、用下列生词和语言点，谈谈什么样的节日会越来越受欢迎。

生词 时尚、逐渐、意义、气氛、结合

语言点 其

五、讨论。

　　有人认为人造节日是数字文化和网络文化相结合的产物。人造节日流行的原因是其营造了一种轻松、年轻、有趣的氛围。人造节日进一步丰富了青年文化和网络文化。你同意这个观点吗？你怎么看待人造节日的发展趋势？

拓　展

一、辩论。

在中国，许多人喜欢在双十一的时候大量网购，这么做到底值不值？请结合自己的经历谈谈你的观点，全班可分为两队进行辩论。

我的观点	
我的理由	
我的经历	

二、与同学分享一下自己网购的成功经验或失败教训。

_____

_____

_____

三、小组讨论并汇报：什么样的人才可以称得上网购达人？

_____

_____

_____

文化拓展

> "亡羊补牢,为时不晚。"

出自《战国策·楚策》。原文是"见兔而顾犬,未为晚也;亡羊而补牢,未为迟也。"这个句子的意思是尽管羊丢了,但只要及时修补羊圈,一切都还不晚。比喻哪怕出了差错,但只要及时补救,就能避免再遭受损失。常用于提出建议或劝告他人及时改正错误。

例:
1. 希望你们虚心接受我的意见,尽快改正广告上的错误。"亡羊补牢,为时不晚。"
2. 这次考试没考好,你应该总结教训,继续努力。"亡羊补牢,为时不晚。"

> 出现下列情况,你会怎么劝告他人?请用"亡羊补牢,为时不晚"说一说。

1. 朋友因为连续熬夜,白天精神不好。
2. 朋友出国后和父母联系不多,让他们不高兴了。

12

《梁祝》的诞生

1.表达不同意见
2.评价
3.了解小提琴协奏曲《梁祝》创作的过程
4.叙述艺术作品诞生背后的故事

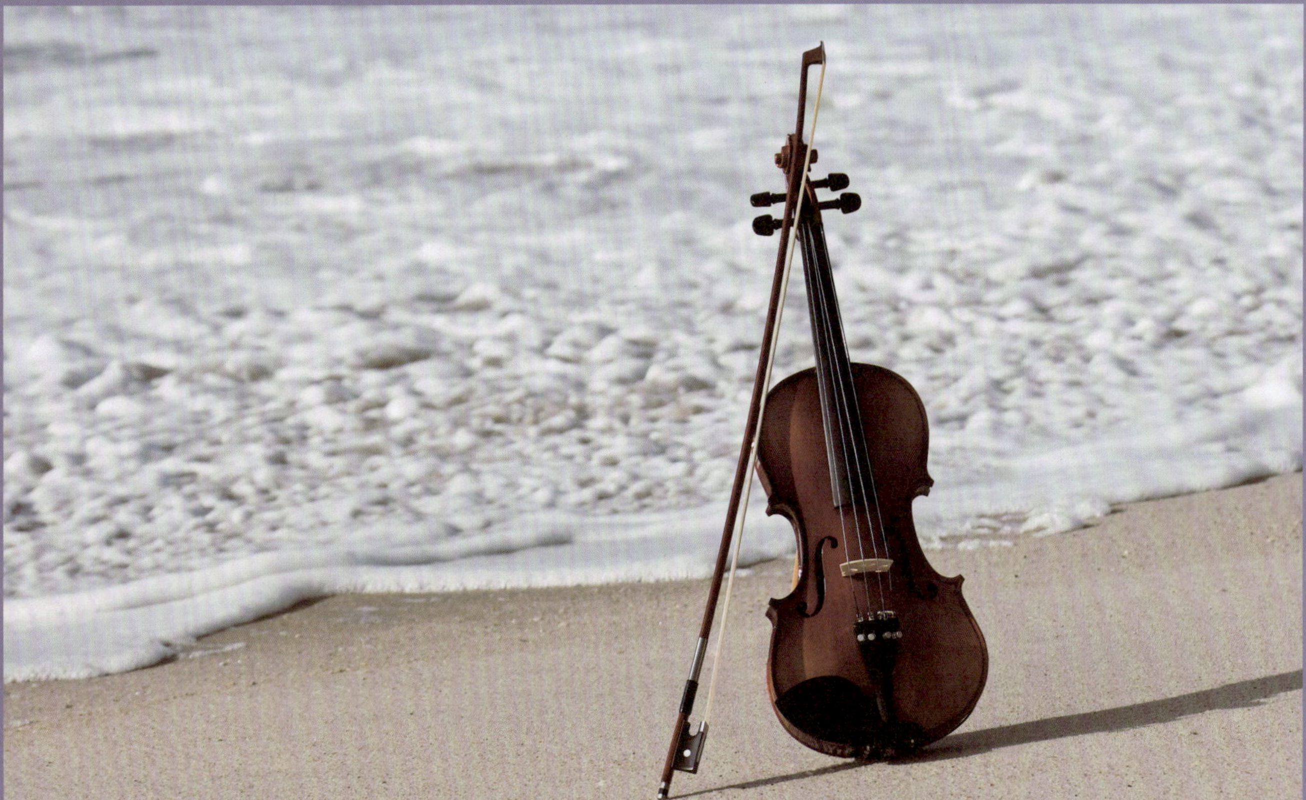

热身准备

一、与同学说一说中国经典爱情传说《梁祝》的故事。

二、听音乐，并与同学一起讨论以下问题。

    1. 你听出来这是什么音乐作品了吗？

    2. 这部作品来自于中国哪个民间爱情传说呢？

课文一 短文 🎧

    1959年，小提琴协奏曲《梁山伯与祝英台》（简称《梁祝》）问世的时候，它的创作者何占豪和陈钢都是上海音乐学院的学生。那年，何占豪26岁，陈钢24岁。

    "梁山伯与祝英台"是中国的一个民间传说，上海越剧院据此创作了越剧《梁祝》。那个时候，何占豪作为越剧院的小提琴手，对越剧《梁祝》优美的音乐很熟悉。

    1957年，何占豪考上了上海音乐学院，学习小提琴专业。参加演出的时候，他发现，比起外国乐曲，中国观众更喜欢听中国乐曲。于是，1958年，他和几个同学组成了一个实验小组，研究如何把越剧《梁祝》的音乐改编成小提琴协奏曲。但他们毕竟不是作曲专业的学生，难免会遇到一些困难。1959年2月，他们又邀请到作曲专业的学生陈钢来一起完成这个艰巨的任务。何占豪先写旋律，用小提琴拉给陈钢听，然后陈钢提出建议，何占豪当场修改，或者回去考虑，直到两人都满意为止。最后，陈钢完成钢琴伴奏和全部乐队写作，这才诞生了小提琴协奏曲《梁祝》。同年5月，《梁祝》第一次公开演出就获得了巨大的成功。

    从此，《梁祝》像蝴蝶一样飞向世界。

1. 协奏曲	xiézòuqǔ	名（n.）	钢琴~，小提琴~
2. 简称	jiǎnchēng	名/动（n./v.）	
3. 问世	wènshì	动（v.）	作品~，成功~
4. 创作	chuàngzuò	动（v.）	~音乐，~诗歌
5. 民间	mínjiān	名（n.）	~艺术，来自~
6. 乐曲	yuèqǔ	名（n.）	动听的~，优美的~
7. 观众	guānzhòng	名（n.）	

8. 成立	chénglì	动 (v.)	～公司，～小组
9. 实验	shíyàn	名 (n.)	～室，～小组
10. 改编	gǎibiān	动 (v.)	～原作，～成
11. 旋律	xuánlǜ	名 (n.)	音乐～，～优美
12. 当场	dāngchǎng	副 (adv.)	～决定，～解决
13. 修改	xiūgǎi	动 (v.)	～作文，～初稿，～计划
14. 伴奏	bànzòu	动 (v.)	音乐～，钢琴～
15. 乐队	yuèduì	名 (n.)	民族～，管弦～，交响～
16. 写作	xiězuò	动 (v.)	中文～，从事～
17. 诞生	dànshēng	动 (v.)	～地，～在
18. 同年	tóngnián	名 (n.)	
19. 蝴蝶	húdié	名 (n.)	

课文二 对话 🎧

李文泰：你知道吗？天才合作的奇迹《梁祝》的创作者陈钢是我们匈牙利钢琴家瓦拉的学生。

山口和也：不过，你可能只知其一，不知其二。据我所知，它的另一位创作者何占豪曾公开表示，《梁祝》的主题音乐素材来自越剧，《梁祝》其实是集体智慧的结晶。

李文泰：即使如此，我仍然认为没有这两位创作者，就没有《梁祝》的成功问世。陈钢说过，何占豪和他分别从民族化和国际化两个方向出发，共同创作了《梁祝》。虽然《梁祝》的主题音乐素材来自越剧，但是，他们两人合作，成功地运用了交响乐这种"世界语"来讲述了一个中国古老的民间传说，从而创作出了这部中西合璧、古今交融的音乐作品。

山口和也：创作者的贡献固然是举世瞩目的，不过，据我所知，连《梁祝》的第一创作者何占豪也认为，不应该过分地强调个人的作用。在他看来，《梁祝》的成功还要感谢老师们的帮助，更要感谢实验小组的同学们。

李文泰：是啊，这些无名英雄的贡献也是不可否认的。不然，何占豪老师也不会对他们的帮助如此念念不忘。

山口和也：所以，用一句话来概括，《梁祝》不仅仅是天才组合创造的奇迹，还凝聚着集体智慧的结晶。

李 文 泰：我再补充一点个人感想，《梁祝》还蕴含着中国民间艺术的精华。它是继承与创新的完美结合，也是中西方文化的完美交融。值得一听，更值得一学。

20.	素材	sùcái	名 (n.)	创作～，收集～
21.	结晶	jiéjīng	名 (n.)	智慧～，爱情～
22.	讲述	jiǎngshù	动 (v.)	～故事
23.	中西合璧	zhōngxī hébì		
24.	古今交融	gǔjīn jiāoróng		
25.	作品	zuòpǐn	名 (n.)	完美的～，代表～，经典～
26.	否认	fǒurèn	动 (v.)	～事实，不可～
27.	念念不忘	niànniàn-búwàng		
28.	概括	gàikuò	动 (v.)	～意思，准确～
29.	组合	zǔhé	名/动 (n./v.)	天才～；～资源，互相～
30.	凝聚	níngjù	动 (v.)	～心血，～人心
31.	感想	gǎnxiǎng	名 (n.)	发表～，个人～

32. 精华	jīnghuá	名 (n.)	吸收～，文章的～
33. 继承	jìchéng	动 (v.)	～遗产，～传统
34. 创新	chuàngxīn	动 (v.)	勇于～，不断～

语言点讲练

一、叙述顺序——按照时间变化的顺序

　　我们可以按照时间变化的顺序来展开叙述。比如，在课文一里就是通过"那个时候""1957年""1958年""1959年2月""同年5月"这样的时间指示词来介绍小提琴协奏曲《梁祝》的诞生过程的。

　　请你在课文一里圈出这些和叙述顺序有关的词，并观察总结一下它们出现的位置。

二、"只知其一，不知其二"

意思是只知道事情的一方面，而不知道事情的另一方面。

例：

1. 你只知其一，不知其二，虽然中国移民城市很多，但是各有各的特色。
2. "只知其一，不知其二"是产生成见的原因之一，学识越丰富，成见才会越少。

用"只知其一，不知其二"完成句子。

1. 学习新词的时候，＿＿＿＿＿＿＿＿＿＿＿＿＿＿＿＿＿＿
2. ＿＿＿＿＿＿＿＿＿＿＿＿＿＿＿＿，多走路虽然有利于健康，但走得太多，反而会损害健康。
3. 虽然很多人都知道小提琴协奏曲《梁祝》，＿＿＿＿＿＿＿＿＿＿＿＿＿＿＿

课文一　会话实践

一、根据课文一的内容回答问题。

1. 《梁祝》这个故事的主角分别叫什么名字？
2. 何占豪考上音乐学院以前在哪里工作？

3. 何占豪为什么要和同学们一起组成一个实验小组？

4. 何占豪和陈钢是怎样合作的？

二、根据提示复述课文一。

Ⓐ "梁山伯与祝英台"是中国的一个_____传说，上海越剧院据此_____了越剧《梁祝》。那个_____，何占豪_____越剧院的小提琴手，对越剧《梁祝》优美的音乐很_____。

1957_____，何占豪考上了上海音乐学院，学习小提琴_____。参加演出的时候，他发现，_____外国乐曲，中国观众更喜欢听中国乐曲。_____，1958年，他和几个同学_____了一个实验小组，研究_____把越剧《梁祝》的音乐_____成小提琴协奏曲。但他们_____不是作曲专业的学生，_____会遇到一些困难。1959年2月，他们又_____到作曲专业的学生陈钢来一起完成这个_____的任务。何占豪先写_____，用小提琴拉给陈钢听，然后陈钢_____建议，何占豪_____修改，或者回去考虑，直到两人都满意为止。_____，陈钢完成钢琴_____和全部_____写作，这_____诞生了小提琴协奏曲《梁祝》。_____5月，《梁祝》第一次公开演出就获得了_____的成功。

_____，《梁祝》_____蝴蝶一样飞向世界。

Ⓑ

1959年，小提琴协奏曲……，它的……。那年，……，……。

"梁山伯与祝英台"是……，上海越剧院……。那个时候，何占豪……，对……。

1957年，何占豪……，学习……。参加演出的时候，他……，……，……。于是，1958年，他……，研究……。但……，难免……。

1959年2月，他们……。何占豪先……，……，然后陈钢……，……，或者……，直到……。最后，……，这才诞生了小提琴协奏曲《梁祝》。同年5月，《梁祝》……。

从此，……。

三、讨论。

为什么小提琴协奏曲《梁祝》第一次公开演出就能获得巨大的成功?

四、活学活用。

模仿课文一,按照时间变化的顺序介绍一下你们国家的重要艺术作品(绘画作品、音乐作品、文学作品等)的诞生过程。

课文二　会话实践

一、根据课文二的内容回答问题。

1. 李文泰发现了什么值得一提的事情?
2. 关于《梁祝》,山口和也认为李文泰还应该知道什么?
3. 在李文泰看来,《梁祝》是一部怎样的音乐作品?
4. 李文泰为何认为《梁祝》值得一听,更值得一学?

二、分角色朗读课文二。

三、根据提示复述课文二。

Ⓐ　两人一组,根据提示复述课文二。

 李文泰

○ 你知道吗? 天才合作的_____《梁祝》的创作者陈钢是我们匈牙利钢琴家瓦拉的学生。

○ 即使如此, 我仍然认为没有这两位创作者, 就没有《梁祝》的成功_____。陈钢说过, 何占豪和他_____从民族化和国际化两个方向出发, 共同创作了《梁祝》。虽然《梁祝》的主题音乐_____来自越剧, 但是, 他们两人合作, 成功地运用了交响乐这种"世界语"来_____了一个中国古老的民间_____, _____创作出了这部中西合璧、_____的音乐_____。

○ 是啊, 这些_____的贡献也是_____的。_____, 何占豪老师也不会对他们的帮助如此_____。

○ 我再_____一点个人_____, 《梁祝》还蕴含着中国民间艺术的_____。它是_____与_____的完美结合, 也是中西方_____的完美交融。值得一_____, 更值得一_____。

 山口和也

○ 不过, 你可能_____, _____。据我所知, 它的另一位创作者何占豪曾公开表示, 《梁祝》的主题音乐素材来自越剧, 《梁祝》其实是集体智慧的_____。

○ 创作者的贡献固然是_____的, 不过, _____, 连《梁祝》的第一创作者何占豪也认为, 不应该过分地_____个人的作用。在他看来, 《梁祝》的成功还要_____老师们的帮助, 更要_____实验小组的同学们。

○ 所以, 用一句话来_____, 《梁祝》不仅仅是天才_____创造的奇迹, 还_____着集体智慧的结晶。

Ⓑ 根据提示概括课文二的内容。

李文泰很开心地告诉山口和也……。山口和也却认为《梁祝》与其说是天才合作的奇迹, 不如说……。李文泰坚持认为没有……, 就……。他说陈钢曾说过, ……。虽然……, 但……, 成功地……, 从而……。山口和也虽然也承认创作者的贡献是举世瞩目的, 不过, 他说连何占豪都认为……。在何占豪看来, ……, 更要……。李文泰说这些无名……。不然, ……。他最后补充了个人感想, ……。它是……, 也是……。值得……, 更……。

四、讨论。

你赞同李文泰的观点还是山口和也的观点？为什么？

五、活学活用。

模仿课文二进行对话，说一说《梁祝》的作者到底是谁？

一、模仿例子组词。

1. 小提琴手：_歌_ 手　　____手　　____手
2. 创作者：_作_ 者　　____者　　____者
3. 否认：_承_ 认　　____认　　____认
4. 讲述：_叙_ 述　　____述　　____述

二、有感情地朗读下列句子，注意句子的语气和功能。

1. 他们毕竟不是作曲专业的学生，难免会遇到一些困难。
2. 从此，《梁祝》像蝴蝶一样飞向世界。
3. 你知道吗？天才合作的奇迹《梁祝》的创作者陈钢是我们匈牙利钢琴家瓦拉的学生。
4. 你可能只知其一，不知其二。
5. 即使如此，我仍然认为没有这两位创作者，就没有《梁祝》的成功问世。
6. 是啊，这些无名英雄的贡献也是不可否认的。
7. 它是继承与创新的完美结合，也是中西方文化的完美交融。

三、鲁迅先生在《且介亭杂文集》中说："只有民族的,才是世界的。"两人一组进行讨论，谈一谈对这句话的理解。

我的观点	
同伴的观点	

四、用下列生词和语言点，介绍并评价一下各自国家中既民族化又世界化的文艺作品。

生词 精华、结晶、继承、创新、中西合璧、古今交融

语言点 只知其一，不知其二；分别

一、辩论：在成就一件伟大作品的过程中，个人的作用大还是集体的力量大？请结合具体事例谈谈你的观点，全班可分为两队进行辩论。

我的观点	
我的例证	

二、头脑风暴：谈谈在全球一体化的今天，怎样才能让本国的民族特色发扬光大。

我的观点	
同伴的观点	

请为图中的水果蔬菜匹配它的中文名字，猜猜这些不同的中文名字有什么相似的含义。

洋葱　　番茄　　西瓜　　胡萝卜

1.＿＿＿＿＿＿＿＿　2.＿＿＿＿＿＿＿＿　3.＿＿＿＿＿＿＿＿　4.＿＿＿＿＿＿＿＿

13 有光一生，一生有光

1.附和、概括
2.介绍人物生平
3.评价成就

汉语拼音方案

（1957年11月1日国务院全体会议第60次会议通过）

（1958年2月11日第一届全国人民代表大会第五次会议批准）

一、字母表

字母	Aa	Bb	Cc	Dd	Ee	Ff	Gg
名称	ㄚ	ㄅㄝ	ㄘㄝ	ㄉㄝ	ㄜ	ㄝㄈ	ㄍㄝ
	Hh	Ii	Jj	Kk	Ll	Mm	Nn
	ㄏㄚ	ㄧ	ㄐㄧㄝ	ㄎㄝ	ㄝㄌ	ㄝㄇ	ㄋㄝ
	Oo	Pp	Qq	Rr	Ss	Tt	
	ㄛ	ㄆㄝ	ㄑㄧㄡ	ㄚㄦ	ㄝㄙ	ㄊㄝ	
	Uu	Vv	Ww	Xx	Yy	Zz	
	ㄨ	ㄪㄝ	ㄨㄚ	ㄒㄧ	ㄧㄚ	ㄗㄝ	

热身准备

1. 你会使用汉语拼音吗?

2. 你看拼音快还是汉字快?

3. 假如没有拼音,你学习中文会受到怎样的影响?

课文一 短文 🎧

　　周有光原名周耀平,他的笔名为"有光",意思是希望"为世界带来光明"。周有光人如其名,他一生为汉语拼音方案的制定和推广作出了巨大贡献。可以说,有光一生,一生有光。是他花费了三年时间参与设计和制定了《汉语拼音方案》。1958年,该方案的问世极大地增进了国民的读写能力,降低了文盲率,同时也提高了外国人学习汉字的效率。为了让汉语拼音得到国际认可,是他于1979年代表中国,在波兰举行的国际标准化组织(ISO)大会上发言,提议采用《汉语拼音方案》作为拼写汉字的国际标准。三年后,该方案最终被认定为汉语罗马字母拼写的国际标准,标号为ISO7098。在信息化时代,是他大力提倡汉语拼音输入法,从而方便了人们用电脑键盘和手机快速输入中文。因此,人们亲切地称他为"汉语拼音之父"。

1.	拼音	pīnyīn	名 (n.)	～字母,汉语～
2.	制定	zhìdìng	动 (v.)	～方案,～法律
3.	方案	fāng'àn	名 (n.)	合理的～,解决～
4.	极大	jídà	形/副 (adj./adv.)	～的帮助;～地影响
5.	国民	guómín	名 (n.)	
6.	文盲率	wénmáng lǜ	名 (n.)	
7.	认可	rènkě	动 (v.)	一致～,官方～
8.	认定	rèndìng	动 (v.)	～目标,专家～
9.	标号	biāohào	名 (n.)	
10.	大力	dàlì	副 (adv.)	～发展,～支持
11.	提倡	tíchàng	动 (v.)	值得～,～学习
12.	输入法	shūrùfǎ	名 (n.)	
13.	键盘	jiànpán	名 (n.)	电脑～,～侠

注 释

周有光（1906年1月13日—2017年1月14日）：中国著名语言学家，出生于江苏常州，被誉为"汉语拼音之父"。

课文二 对话 🎧

李 老 师：不知各位中文达人是如何看待《汉语拼音方案》的呢?

高　　帅：我先抛砖引玉吧。在我看来，《汉语拼音方案》采用了国际通用的字母，大大降低了外国人学习中文的门槛。我用拼音学中文，进步特别快。有时想想，要是能只学拼音、不学汉字，那该多好啊！

山口和也：我基本同意高帅的高见。不过，我始终认为光学拼音、不学汉字可不行。拼音的确可以作为学习中文的桥梁，但是只能算是皮毛。汉字才是中文的精华，源远流长、内涵丰富、造型优美。要想把中文学精，必须掌握汉字。

林 文 丽：你们说得都对。而且在电脑时代，拼音发挥的作用是越来越大了，不仅各种汉字输入法都是建立在《汉语拼音方案》的基础之上，人工智能语音识别也离不开拼音的支持。由此可见，拼音发明者是有远见卓识的。

李 文 泰：可不是嘛。在全球一体化的今天，拼音也很给力啊。就拿我女朋友来说吧，她来中国旅行时，多亏有汉语拼音，不懂中文的她认读路名、地名，才能完全零障碍。

马　　丁：综合大家的意见，我的总结是：《汉语拼音方案》既适合中国的传统，又适合国际的标准，还在新时代继续发挥着重要的作用。了不起，实在了不起啊！当然，要想把中文学深、学透，离开汉字可就行不通了哦！

14.	抛砖引玉	pāozhuān-yǐnyù		
15.	通用	tōngyòng	动 (v.)	全年~，社会~
16.	门槛	ménkǎn	名 (n.)	降低~，提高~
17.	高见	gāojiàn	名 (n.)	
18.	始终	shǐzhōng	副 (adv.)	~坚持，~很认真
19.	桥梁	qiáoliáng	名 (n.)	一座~，友谊的~

147

20.	皮毛	pímáo	名 (n.)	
21.	源远流长	yuányuǎn-liúcháng		
22.	内涵	nèihán	名 (n.)	丰富的～，文化～
23.	造型	zàoxíng	名 (n.)	～简单，独特的～
24.	人工	réngōng	形 (adj.)	～湖
25.	智能	zhìnéng	名 (n.)	人工～
26.	识别	shíbié	动 (v.)	～能力，～出来，AI人脸～
27.	远见卓识	yuǎnjiàn-zhuóshí		
28.	障碍	zhàng'ài	名 (n.)	沟通～，排除～，设置～
29.	了不起	liǎobuqǐ	形 (adj.)	～的人，～的成就

语言点讲练

一、"始终"

副词，表示从开始到结束。在使用时请注意，"始终"后的动词不可以带表示时间的词语，"始终"也不可以指向将来。

例：

1. 我**始终**认为光学拼音、不学汉字可不行。
2. 梁山伯虽然天天和祝英台见面，但他**始终**没发现祝英台是个女孩。

（判断句子正误。）

（　　）1. 尽管大学毕业已多年，但他始终是个"月光族"。
（　　）2. 在中国留学的时候，保罗始终坚持只说中文，不说英语。
（　　）3. 尽管遇到了不少困难和挫折，但他始终不忘初心，一步一个脚印地朝着自己的梦想迈进。
（　　）4. 自己做的饭吃得更香，我打算始终做下去。
（　　）5. 为了在双十一买到最优惠的商品，马丁始终等到凌晨才睡觉。

二、"多亏"

动词，表示由于别人的帮助或某种有利因素，避免了不幸或得到了好处。"多亏"用来引导前一句话时，后一句常用"才""要不""否则"等搭配。

例：

1. 她来中国旅行时，**多亏**有汉语拼音，不懂中文的她认读路名、地名，**才**能完全零障碍。
2. **多亏**学院院长对我微笑了一下，**要不**我会紧张得说不出话来。
3. **多亏**你的一番解释，**否则**我根本不会明白"是吗"的言外之意。

（用"多亏"完成句子。）

1. _____，我才能来中国留学。
2. _____，否则我的中文不会进步那么大。
3. _____，要不我早就放弃了我的梦想。

149

课文一 会话实践

一、根据课文一的内容回答问题。

1. 周耀平的笔名"有光"是什么意思呢?
2. 《汉语拼音方案》的问世对中国人产生了什么影响?
3. "汉语拼音之父"是谁?

二、根据提示复述。

Ⓐ 周有光_____周耀平,他的笔名_____"有光",意思是希望"为世界带来光明"。周有光_____,他一生为汉语拼音方案的_____和推广作出了巨大_____。_____说,有光一生,一生有光。是他花费了三年时间参与设计和制定了《汉语拼音方案》。1958年,_____方案的_____极大地_____了_____的读写能力,降低了文盲率,_____也提高了外国人学习汉字的_____。为了让汉语拼音得到国际_____,是他于1979年代表中国,在波兰举行的国际标准化组织(ISO)大会上_____,提议_____《汉语拼音方案》_____拼写汉字的国际标准。三年后,_____方案最终被_____为汉语罗马字母拼写的国际标准,标号为ISO7098。在_____时代,是他大力_____汉语拼音_____,_____方便了人们用电脑键盘和手机快速_____中文。因此,人们_____地称他为"汉语拼音之_____"。

Ⓑ   周有光原名周耀平,他的笔名为"有光",意思是……。周有光人如其名,他一生……。可以说,……,……。是他……。1958年,该方案的问世……,降低了……,同时……。为了……,是他……,在……,提议……。三年后,……,标号为ISO7098。在信息化时代,是他……,从而……。因此,……。

三、讨论。

汉字输入法有很多种，你最喜欢哪种？为什么？

四、活学活用。

查找资料，模仿课文一，介绍一位你最佩服的名人。

课文二 会话实践

一、根据课文二的内容回答问题。

1. 高帅喜欢学拼音还是汉字？
2. 山口和也完全同意高帅的看法吗？
3. 林文丽认为在什么时代拼音发挥的作用是越来越大了？
4. 马丁是怎么评价《汉语拼音方案》的？

二、分角色朗读课文二。

三、根据提示复述课文二。

Ⓐ 六人一组，根据提示复述课文二。

 李老师

○ 不知各位中文_____是如何_____
《汉语拼音方案》的呢？

 高帅

○ 我先_____吧。在我看来，
《汉语拼音方案》采用了国际通用的字
母，_____降低了外国人学习中文
的_____。我用拼音学中文，进步
_____快。有时想想，_____能只
学拼音，不学汉字，那_____多好啊！

 山口和也

○ 我＿＿＿＿同意高帅的＿＿＿＿。不过，我＿＿＿＿认为＿＿＿＿学拼音、不学汉字可不行。拼音的确可以作为学习中文的＿＿＿＿，但是只能算是＿＿＿＿。汉字才是中文的＿＿＿＿，＿＿＿＿、内涵丰富、＿＿＿＿优美。要想把中文学精，必须掌握汉字。

 林文丽

○ 你们说得都对。而且在电脑＿＿＿＿，拼音发挥的＿＿＿＿是越来越大了，不仅各种汉字＿＿＿＿都是＿＿＿＿在《汉语拼音方案》的基础之上，人工智能语音＿＿＿＿也＿＿＿＿拼音的支持。＿＿＿＿，拼音发明者是有＿＿＿＿的。

 李文泰

○ 可不是嘛。在全球＿＿＿＿的今天，拼音也很给力啊。就＿＿＿＿我女朋友来说吧，她来中国旅行时，＿＿＿＿有汉语拼音，不懂中文的她认读路名、地名，才能完全＿＿＿＿。

 马丁

○ 综合大家的＿＿＿＿，我的＿＿＿＿是：《汉语拼音方案》既适合中国的＿＿＿＿，又适合国际的＿＿＿＿，还在新时代继续＿＿＿＿着重要的作用。＿＿＿＿，实在＿＿＿＿啊！当然，要想把中文＿＿＿＿、＿＿＿＿，离开汉字可就＿＿＿＿了哦！

Ⓑ 根据提示概括课文二的内容。

李老师问大家……？高帅认为……，大大……。他用……，进步……。他觉得要是……，那该……！山口和也基本同意他的看法，不过，他……。拼音的确……，但……。汉字……，源远……、……、……。要想……，……。林文丽认为在电脑时代，……，不仅……，人工……。由此可见，……。李文泰和她的看法一样，他说……，就拿……，她……，多亏……，才能……。马丁最后总结说……，又……，还在……。了不起，……！当然，……！

四、讨论。

谈一谈你对《汉语拼音方案》的看法。

五、活学活用。

朋友从零起点开始学习中文，他希望只学拼音而不学汉字，你会给他什么样的建议呢？模仿课文二进行对话。

一、模仿例子组词。

1. 纪念：　怀　念　　　　____念　　　　____念
2. 原名：　原　址　　　　原____　　　　原____
3. 零障碍：零　基础　　　零____　　　零____
4. 方案：　提　案　　　　____案　　　　____案

二、有感情地朗读下列句子，注意句子的语气和功能。

1. 周有光人如其名，他一生为汉语拼音方案的制定和推广作出了巨大贡献。
2. 在信息化时代，是他大力提倡汉语拼音输入法，从而方便了人们用电脑键盘和手机快速输入中文。
3. 不知各位中文达人是如何看待《汉语拼音方案》的呢？
4. 有时想想，要是能只学拼音、不学汉字，那该多好啊！
5. 我基本同意高帅的高见。不过，我始终认为光学拼音、不学汉字可不行。
6. 她来中国旅行时，多亏有汉语拼音，不懂中文的她认读路名、地名，才能完全零障碍。

三、头脑风暴：三人一小组，分享各国的新发明、新创造，并以报告的形式呈现。

我知道的	
同伴分享的	

四、用下列生词和语言点，介绍一个你认为了不起的人。

生词 纪念、认可、提倡、极大、贡献

语言点 始终、多亏、以此

拓　展

一、调查：不同国家的人学习中文的方法会不一样吗？请在班级中调查一下，并介绍一个你认为最好的方法。

国家	方法	我认为最好的方法

二、辩论：学习中文离得开汉字吗？请结合自己的理解和经历谈谈你的观点，全班可分为两队进行辩论。

我的观点	
我的理由	
我的经历	

文化拓展

汉语中有不少词可以用来称赞别人的建议，除了本课中出现的"高见"和"远见卓识"，你还知道哪些呢？

14 百年好合

1.祝福、感谢
2.介绍各国婚俗
3.说明礼物的特殊寓意

热身准备

1. 说说你在图中看到了什么？
2. 你知道图片中的颜色、图案、人物造型、汉字分别表示什么意思吗？

课文一 短文

林达的日记

尽管李老师并没有公开宣布婚讯，可是这样的好消息怎么可能始终不为人所知呢？同学们私下里都在议论，说他上星期在老家举行了婚礼，新娘是我早就认识的王丽丽老师。这并不意外。虽然一开始，李老师并没有公开他和王老师的恋爱关系，可是我和同学们在连续观察到他们密切的交往后，一致认为这位神秘的王老师肯定就是李老师的恋爱对象。她的脸上总是带着温暖而亲切的微笑，我们对她的评价很高。保罗还悄悄地向我承认王老师就是他最欣赏的类型。

李老师真是一个难得的好老师。他不但对工作严肃认真，对学生要求严格，而且脾气温和，极少批评学生。他有学问，又善于启发学生思考。是他帮助我克服了胆子小的毛病，鼓励我在生活中大胆使用中文；是他提醒我不断改进学习中文的方法，我的中文才达到了现在的水平；也是他让我体验到学习中文的快乐。娶妻成家标志着人生一个新时期的开始，意义重大。同学们纷纷表示应该意思一下。可是什么礼物又实用又符合中国的风俗习惯，既可以表达我们的祝福，还能体现李老师教我们的成果呢？送红包吧，显得俗气；送卡片吧，没有新意。真是太难了……

1. 百年好合	bǎinián-hǎohé		
2. 日记	rìjì	名 (n.)	写～，一篇～
3. 并	bìng	副 (adv.)	
4. 宣布	xuānbù	动 (v.)	～消息，正式～
5. 婚讯	hūnxùn	名 (n.)	
6. 私下	sīxià	名 (n.)	
7. 议论	yìlùn	动 (v.)	～纷纷，私下～
8. 意外	yìwài	形/名 (adj./n.)	觉得～，～情况；发生～
9. 观察	guānchá	动 (v.)	仔细～，长期～
10. 一致	yízhì	副 (adv.)	～认为，～同意
11. 严肃	yánsù	形 (adj.)	气氛～，～的表情
12. 严格	yángé	形 (adj.)	管理～，～的要求
13. 脾气	píqi	名 (n.)	～大，～温和
14. 批评	pīpíng	动 (v.)	～他人，被……～
15. 毛病	máobìng	名 (n.)	挑～，出～
16. 改进	gǎijìn	动 (v.)	得到～，～工作
17. 娶	qǔ	动 (v.)	～妻
18. 标志	biāozhì	动/名 (v./n.)	～进步；产品的～
19. 时期	shíqī	名 (n.)	一个～，特殊～
20. 风俗	fēngsú	名 (n.)	社会～，传统～
21. 显得	xiǎnde	动 (v.)	～重要，～优秀
22. 新意	xīnyì	名 (n.)	

课文二 对话 🎧

马　丁：李老师，请留步。听说您办婚礼了！这是我们全班同学的一点小心意，请您收下。送您这副对筷，希望您快点儿生孩子！

全班同学：早生贵子！

李老师：谢谢你们，你们太有心了。真不知让我说什么好！

马　丁：这张卡片是同学们亲手制作的。同学们分别在卡片上用母语写了自己国家的新婚祝福语，并翻译成了中文。下面从林达开始吧……

（同学们一个一个分别用母语和中文亲自向李老师表达祝福⋯⋯）

马　　丁：这样就好像全世界都在祝福您似的。我们在这里学了一些简单的中国画，趁这个机
　　　　　会正好可以表现一下。您看，卡片周围装饰的荷花和葡萄，也是我们自己画的。听
　　　　　说，在中国传统文化里，荷花寓意百年好合，葡萄象征繁荣富裕。所以，祝福您和
　　　　　王老师——

全班同学：百年好合，生活富裕！

李 老 师：真是太周到了！你们的礼物真是既温馨，又别出心裁！太感谢了！我早已给每位同
　　　　　学都准备了一份喜糖，明天带给大家。希望大家一起分享我们的甜蜜！

23. 留步	liúbù	动（v.）	
24. 副	fù	量（mw.）	一～筷子，一～手套
25. 制作	zhìzuò	动（v.）	～礼物，～精美
26. 亲自	qīnzì	副（adv.）	～设计，～参加
27. 装饰	zhuāngshì	动/名（v./n.）	～房间；～品
28. 荷花	héhuā	名（n.）	
29. 繁荣	fánróng	形（adj.）	经济～，～的城市
30. 富裕	fùyù	形（adj.）	～的生活

语言点讲练

一、"为……所……"

表示被动的固定格式。其具体的结构是："为+n./名词性短语+所+v."。其中，"为"的意思就是"被"。

例：

1. 这样的好消息怎么可能始终不为人所知呢？
2. 很多外国人为中国的功夫片所吸引，加入了学习中文的行列。
3. 内心强大的人，她的情绪不会为别人所左右。

用"为……所……"完成对话。

1. A: 你听说过中国民间传说《梁祝》吗？
   B: _____

2. A: 你觉得迪士尼乐园怎么样？
   B: _____

3. A: 你是怎么看待中文拼音的？
   B: _____

二、"难得"

形容词。

（一）表示不容易得到时，有"可贵、珍贵、需要珍惜"的意思。

例：

1. 他真是一个难得的人才。
2. 这样的机会太难得了。
3. 他每次考试都是第一名，这是十分难得的。

（二）表示不常常（发生）时，有"稀少"的意思，常常放在动词前面，一般用于描述比较客观的情况。

例：

1. 在国外的时候，因为学业繁忙，我难得做一次饭。
2. 你难得来一次，不如在我家吃顿便饭吧。
3. 难得遇见这么好的老师。
4. 难得一个星期六，我可不愿意加班。

用"难得"完成对话。

1. A: 林达对李老师的评价高不高?

   B: _____

2. A: 你在这里能常常吃到家乡菜吗?

   B: _____

3. A: 如果这是你第一次来中国,你愿意只学习不旅行吗? 为什么?

   B: _____

课文一 会话实践

一、根据课文一的内容回答问题。

1. 李老师的生活最近发生了什么新变化?

2. 林达是怎么知道王丽丽是李老师的恋爱对象的?

3. 林达为什么认为李老师是一个难得的好老师?

4. 同学们想送给李老师什么样的新婚礼物呢?

二、根据提示复述课文一。

Ⓐ 尽管李老师并没有公开宣布_____,可是这样的好消息怎么可能始终不_____呢? 同学们_____里都在议论,说他上星期在老家举行了婚礼,新娘是我早就认识的王丽丽老师。这并不_____。虽然一开始,李老师并没有公开他和王老师的_____关系,可是我和同学们在连续_____到他们密切的_____后,_____认为这位神秘的王老师肯定就是李老师的恋爱_____。她的脸上总是带着温暖_____亲切的微笑,我们对她的_____很高。保罗还悄悄地向我_____王老师就是他最欣赏的_____。

李老师真是一个_____的好老师。他不但对工作_____认真,对学生要求_____,而且_____温和,_____批评学生。他有_____,又_____启发学生思考。是他帮助我_____了胆子小的毛病,鼓励我在生活中_____使用中文;是他_____我不断_____学习中文的方法,我的中文才达到了现在的_____;也是他让我_____到学习中文的快乐。娶妻成家

_____着人生一个新_____的开始，意义_____。同学们纷纷_____应该_____一下。可是什么礼物又实用又_____中国的_____习惯，既可以表达我们的_____，还能_____李老师教我们的_____呢？送红包吧，显得_____；送卡片吧，没有_____。真是太_____了……

Ⓑ

　　尽管……，可是……？同学们……，……，……。这并不意外。虽然……，李老师……，可是……，一致……。她的脸上……，我们对她的评价很高。保罗……。

　　李老师真是一个难得的好老师。他不但……，而且……，……。他……，又……。是他……，……；是他……，……，也是他……。娶妻成家标志着……，……。同学们纷纷表示……。可是……，既……，还能……？送……，……；送……，……。真是太难了……

三、讨论。

在你们国家，送结婚礼物有哪些讲究？

四、活学活用。

模仿课文一，介绍一位让你难忘的老师。

课文二　会话实践

一、根据课文二的内容回答问题。

1. 在中国的传统风俗中，对筷有什么特殊寓意？
2. 同学们送给李老师的贺卡有什么新意呢？
3. 同学们为什么要在卡片上画荷花？
4. 同学们为什么要在卡片上画葡萄？

二、分角色朗读课文二。

三、根据提示复述课文二。

Ⓐ 二人一组，根据提示复述课文二。

马丁

○ 李老师，请_____。听说您办婚礼了！这是我们全班同学的一点小_____，请您_____。送您这_____对筷，希望您快点儿生孩子！

（全班同学：早生_____！）

○ 这张卡片是同学们亲手_____的。同学们分别在卡片上用_____写了自己国家的_____祝福语，并_____成了中文。下面从林达开始吧……

（……）

○ 这样就好像全世界都在祝福您似的。我们在这里学了一些_____的中国画，趁这个机会正好可以_____一下。您看，卡片_____装饰的荷花和葡萄，也是我们_____画的。听说，在中国传统文化里，_____寓意百年好合，葡萄象征_____富裕。所以，_____您和王老师——

（全班同学：百年好合，生活富裕！）

李老师

○ 谢谢你们，你们太_____了。真不知让我说_____好！

（……）

○ 真是太_____了！你们的礼物真是既_____，又_____！太感谢了！我早已给每位同学都准备了一份喜糖，明天带给大家。希望大家一起分享我们的_____！

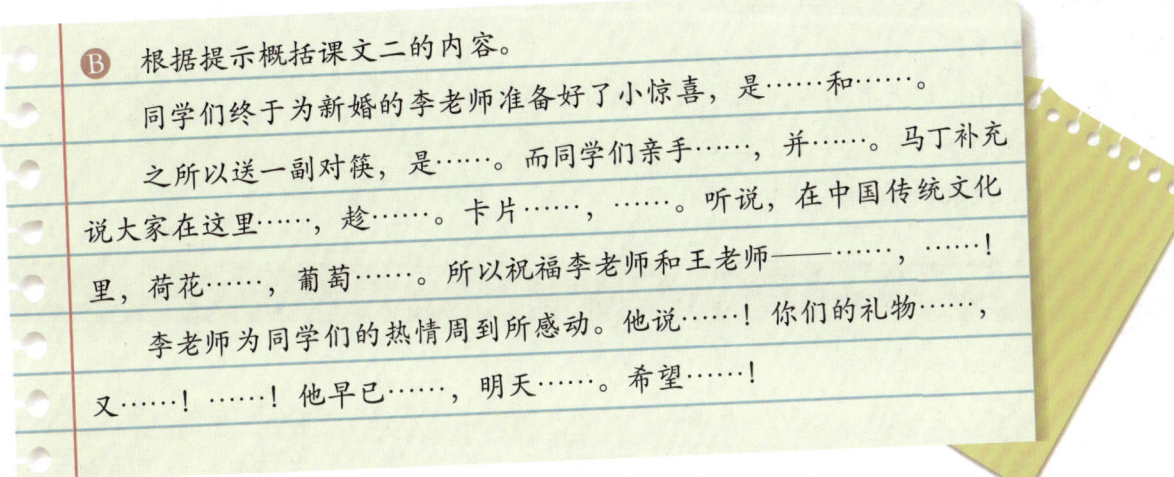

B 根据提示概括课文二的内容。

同学们终于为新婚的李老师准备好了小惊喜，是……和……。

之所以送一副对筷，是……。而同学们亲手……，并……。马丁补充说大家在这里……，趁……。卡片……，……。听说，在中国传统文化里，荷花……，葡萄……。所以祝福李老师和王老师——……，……！

李老师为同学们的热情周到所感动。他说……！你们的礼物……，又……！……！他早已……，明天……。希望……！

四、讨论。

如果你是李老师，看到同学们准备的惊喜，听到同学们的祝福，你也会为这一切所感动吗？为什么？

五、活学活用。

送礼物和收礼物时应该说些什么话来展示你的诚意和谢意呢？在第十课《"云"上生活》里我们知道白雪邀请马丁去他们的新家吃饭，马丁打算带上葡萄酒作为礼物。三人一组分别扮演白雪、张东和马丁，模仿课文二进行对话。

练 习

一、模仿例子组词。

1. **婚讯**：婚 礼   婚＿＿＿   婚＿＿＿
2. **新娘**：新 人   新＿＿＿   新＿＿＿
3. **批评**：＿点 评   ＿＿＿评   ＿＿＿评
4. **留步**：留 意   留＿＿＿   留＿＿＿

二、有感情地朗读下列句子，注意句子的语气和功能。

1. 可是这样的好消息怎么可能始终不为人所知呢？
2. 李老师真是一个难得的好老师。

3. 送红包吧，显得俗气；送卡片吧，没有新意。真是太难了……

4. 李老师，请留步。

5. 听说您办婚礼了！这是我们全班同学的一点心意，请您收下。

6. 祝福您和王老师——百年好合，生活富裕！

7. 你们的礼物真是既温馨，又别出心裁！

三、头脑风暴：两三人一组，分享各国婚礼祝福语。

我知道的	
同伴分享的	

四、用下列生词和语言点，谈谈在你们国家具有特殊寓意的礼物。

生词　寓意、新意、温馨、别出心裁、祝福

语言点　为……所……、难得

拓　展

一、辩论

朋友结婚送礼物合适还是送红包合适呢？请谈谈你的观点，并至少给出三条理由，全班可分为两队进行辩论。

我的观点	
我的理由	1.
	2.
	3.

二、请分享一个小故事，谈谈自己收到的一件最满意的礼物。

1. 猜猜在中国的传统风俗中，下列图画都有哪些特殊寓意？

婚姻幸福、健康长寿、生活富裕、品行高洁……

2. 在你们国家的传统风俗中，哪些动植物可以用来表示上述这些特殊的寓意？

_____

_____

_____

_____

15 中国梦，我的梦！

1.澄清观点、说明情况
2.表达临别祝愿
3.讲述自己对未来的规划

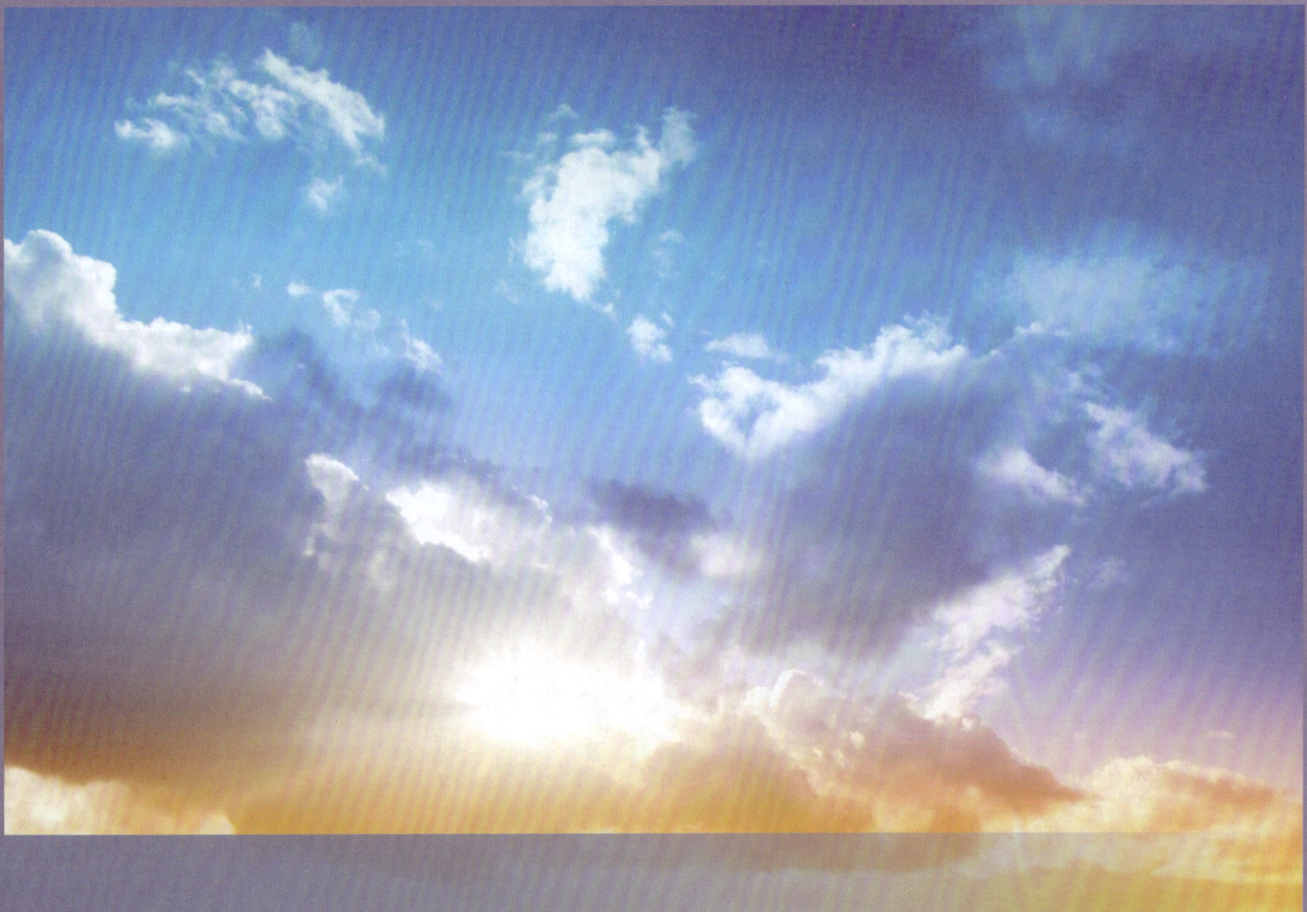

热身准备

导言:

　　古丝绸之路绵亘万里，延续千年，积淀了以和平合作、开放包容、互学互鉴、互利共赢为核心的丝路精神。这是人类文明的宝贵遗产。……4年来，全球100多个国家和国际组织积极支持和参与"一带一路"建设，联合国大会、联合国安理会等重要决议也纳入"一带一路"建设内容。"一带一路"建设逐渐从理念转化为行动，从愿景变为现实，建设成果丰硕。

（选自《习近平谈治国理政》第二卷，P506—509）

谈一谈你对"一带一路"倡议的理解。你认为"一带一路"是否会对你的生活或未来产生影响？

课文一　短文 🎧

（结业典礼上，李老师正在作临别致辞……）

　　亲爱的同学们，自古以来，"读万卷书，行万里路"就是很多中国读书人求知的理想模式。也就是说，要真正提高自己，不仅要努力学习书本知识，更重要的是还要在生活中增长见识。你们不远万里来到中国，学习中文和中国文化。你们用学习到的知识勇敢地克服了各种各样的困难，也在这里度过了一段美好的时光。实际上，你们每一个人都在努力实践着"读万卷书，行万里路"这句话。在中国，你们提高了中文水平，丰富了人生阅历，增强了综合能力！作为和大家朝夕相处的老师，今天我要利用这个机会，大声地把自己的心里话告诉每一个同学：你们真的很棒！我为你们感到骄傲！

　　"海阔凭鱼跃，天高任鸟飞。"更广阔的天地正等待着你们。中文将为你的梦想插上翅膀。你们的未来一定会更加美好！

1. 临别致辞	línbié zhìcí		
2. 读书人	dúshū rén	名 (n.)	
3. 求知	qiúzhī	动 (v.)	
4. 真正	zhēnzhèng	形/副 (adj./adv.)	～的朋友；～地了解
5. 书本知识	shūběn zhīshi		

6. 增长	zēngzhǎng	动（v.）	～知识，～见识
7. 见识	jiànshi	名（n.）	
8. 各种各样	gèzhǒng gèyàng		
9. 度过	dùguò	动（v.）	～一段时间，～夏天
10. 阅历	yuèlì	名（n.）	丰富的～，增加～
11. 朝夕相处	zhāoxī-xiāngchǔ		
12. 心里话	xīnlǐ huà	名（n.）	一句～，说句～

注 释

"海阔凭鱼跃，天高任鸟飞"：中国的一句名言，比喻可以充分自由地行动，或无拘无束地施展才能。

课文二 对话 🎧

（离别的时候，同学们在一起分享各自的梦想……）

卡米拉：我在这里每天都有新发现，每天都有新收获。在我们国家，退休以后，老人差不多都习惯留在家里，过着相对简单而平静的生活。而通过观察，我发现中国的老人们总是以最佳的状态投入到生活中，充分享受着退休生活。他们不但寿命长，而且很活跃。他们早上在公园锻炼身体，白天可以去老年大学发展爱好，傍晚和伙伴们一起热热闹闹地跳广场舞。我的梦想就是让全世界的老人都能这样老有所乐。

李文泰：目前我正面临大学毕业，起先，我并不知道自己想做什么。匈牙利是第一个确定加入"一带一路"倡议的欧洲国家，这让我有机会来到中国提高中文水平。经过这次学习，我才明确了工作方向。我最希望从事的是私人旅行咨询工作，因为它最能体现出我的价值。中国有一首诗里说，"熟悉的地方没有风景"。我们匈牙利旅游资源丰富，物价便宜。我们既有湖光山色，又有历史名城。我相信未来会有越来越多的中国人来我们匈牙利寻找美丽的风景。我的梦想就是充分利用所学的知识更好地与中国游客相处，满足他们个性化的需求，为他们提供良好的咨询服务，设计完善的旅行方案，让他们拥有完美的旅行体验。中文就是我的核心竞争力。

马　丁：本来我的专业是数学。后来，我很偶然地在孔子学院学习了中文。于是，我从此就爱
　　　上了中文和中国。参加"汉语桥"比赛获奖后，我得到了来中国学习的奖学金。现在
　　　我的专业是中文。我之所以换专业，是因为我的梦想是成为一名外交官，当一个文化
　　　交流的使者。我知道现在中国人都在自豪地谈论中国梦。我相信中文会为我的梦想插
　　　上翅膀。我坚信中国梦也是我的梦。

13.	广场舞	guǎngchǎng wǔ	名（n.）	跳~
14.	老有所乐	lǎoyǒu suǒlè		
15.	个性化	gèxìnghuà	动（v.）	
16.	核心竞争力	héxīn jìngzhēnglì	名（n.）	~强，增强~
17.	偶然	ǒurán	形（adj.）	~的机会，~发现
18.	外交官	wàijiāoguān	名（n.）	
19.	使者	shǐzhě	名（n.）	
20.	翅膀	chìbǎng	名（n.）	一双~，插上~

语言点讲练

一、"以来"

名词，表示从过去的某个时间点一直到现在的这一段时间。常见搭配有："自古以来""长期以来"等。

例：

1. **自古以来**，"读万卷书，行万里路"就是很多中国读书人求知的理想模式。
2. **长期以来**，中文一直被人们认为是最具有挑战性的外语。
3. 新中国成立**以来**，人民的生活在各个方面都发生了巨大的变化。

（完成下列句子。）

1. 长期以来，_____
2. 自古以来，_____
3. 改革开放以来，_____
4. 一年以来，_____
5. 2020年以来，_____
6. 入学以来，_____

二、"所+v."

"所"是助词，放在动词前，可以跟动词构成名词性短语，如"所知""所乐""所说"等。

例：

1. **据我所知**，拼音输入法是目前最受欢迎的一种汉字输入法。
2. 鲁迅在《藤野先生》这篇散文中讲述了他留日期间的**所见所闻**。
3. 希望刚才我**所说**的能对你有些帮助。

（把下列句子改成"所"字结构。）

1. 林达在日记里讲述了她在中国看到的和听到的事。

_____

2. 我希望能充分利用学习到的知识，实现我的梦想。

_____

3. 我已经把我知道的情况都告诉你了。

_____

课文一 会话实践

一、根据课文一的内容回答问题。

1. 很多中国读书人求知的理想模式是什么？

2. 要真正提高自己，只要努力学习书本知识就足够了，是吗？

3. 李老师认为同学们在中国有哪些收获？

4. 李老师对同学们的表现是否满意呢？

二、根据提示复述。

Ⓐ 亲爱的同学们，自古＿＿＿＿＿＿，"读万卷书，行万里路"就是很多中国读书人＿＿＿＿＿＿的理想模式。也就是说，要＿＿＿＿＿＿提高自己，不仅要努力学习＿＿＿＿＿＿，＿＿＿＿＿＿重要的是还要在生活中增长＿＿＿＿＿＿。你们不远＿＿＿＿＿＿来到中国，学习中文和中国文化。你们用学习到的＿＿＿＿＿＿勇敢地克服了＿＿＿＿＿＿的困难，也在这里＿＿＿＿＿＿了＿＿＿＿＿＿美好的＿＿＿＿＿＿。＿＿＿＿＿＿上，你们每一个人都在努力＿＿＿＿＿＿着"读万卷书，行万里路"这＿＿＿＿＿＿话。在中国，你们提高了中文＿＿＿＿＿＿，＿＿＿＿＿＿了人生阅历，＿＿＿＿＿＿了综合能力！作为和大家＿＿＿＿＿＿的老师，今天我要＿＿＿＿＿＿这个机会，大声地把自己的＿＿＿＿＿＿告诉每一个同学："你们真的很＿＿＿＿＿＿！我为你们感到＿＿＿＿＿＿！"

"海阔凭鱼跃，天高任鸟飞。"更＿＿＿＿＿＿的天地正等待着你们。中文将为你的梦想插上＿＿＿＿＿＿。你们的未来一定会＿＿＿＿＿＿美好！

Ⓑ 亲爱的同学们，自古以来，……。也就是说，……，不仅……，更重要……。你们……，……。你们……，也……。实际上，……。在中国，你们……，……，……！作为和大家朝夕相处的老师，今天……，大声……：……！……！

"……，……。"……正等待着你们。中文……。你们的未来一定会更加美好！

三、讨论。

"读万卷书，行万里路"也是你理想中的求知模式吗？为什么？

四、活学活用。

模仿课文一，以学生代表的身份作临别致辞，时长2—3分钟。

课文二 会话实践

一、根据课文二的内容回答问题。

1. 卡米拉的梦想是什么？
2. "一带一路"倡议对李文泰的生活产生了什么样的影响？
3. 李文泰打算怎样利用好他所学的中文呢？
4. 马丁为什么要换专业？

二、分角色朗读课文二。

三、根据提示复述课文二。

Ⓐ 三人一组，根据提示复述课文二。

 卡米拉

 李文泰

 马丁

○ 我在这里每天都有新_____，每天_____有新_____，在我们国家，_____以后，老人差不多都_____留在家里，过着相对简单_____平静的生活。而_____观察，我发现中国的老人们总是_____最_____的状态投入到_____中，充分_____着退休生活。他们不但_____长，而且很活跃。他们早上在公园锻炼身体，白天可以去老年大学_____爱好，傍晚和伙伴们一起_____地跳广场舞。我的梦想就是让全世界的老人都能这样_____。

○ 目前我正_____大学毕业，_____，我并不知道自己想做什么。匈牙利是第一个_____加入"一带一路"倡议的欧洲国家，_____让我有_____来到中国提高中文水平。_____这次学习，我_____明确了工作方向。我最希望_____的是_____旅行咨询工作，因为它最能_____出我的价值。中国有一首诗里说，"_____的地方没有风景"。我们匈牙利旅游资源_____，_____便宜。我们既有湖光_____，又有历史_____。我相信_____会有越来越多的中国人来我们匈牙利_____美丽的风景。我的梦想就是充分利用_____的知识更好地与中国游客相处，满足他们_____的需求，为他们提供_____的咨询服务，设计_____的旅行_____，让他们拥有完美的旅行_____。中文就是我的_____。

○ _____我的_____是数学。_____，我很_____地在孔子学院学习了中文。_____，我_____就爱上了中文和中国。参加"汉语桥"比赛获奖后，我得到了来中国学习的_____。现在我的_____是中文。我_____换专业，是_____我的梦想是成为一名_____，当一个文化交流的_____。我知道现在中国人都在_____地谈论中国梦。我相信中文会为我的梦想插上_____。我_____中国梦也是我的梦。

Ⓑ 根据提示概括课文二的内容。

（离别的时候，同学们在一起分享各自的梦想……）

卡米拉的梦想是……。这是因为她在中国发现……，充分……。他们不但……，而且……。他们早上……，白天……，傍晚……。

李文泰说多亏有"一带一路"倡议，他才……。经过……，他才……。现在他最希望……，因为……。他说中国有句诗里说，"……"。而匈牙利……，……。既……，又……。他相信……。他的梦想……，满足……，为他们……，设计……，让……。中文……。

马丁的梦想是……，当……。为了实现这个梦想，他……。他知道……。他相信……。他坚信……。

四、讨论。

马丁说中国梦也是他的梦，你怎么理解马丁的这句话？

五、活学活用。

模仿课文二，谈一谈你的梦想和对未来的规划。

一、模仿例子组词。

1. 理想： 梦 想　　　　　____想　　　　　____想
2. 阅历： 学 历　　　　　____历　　　　　____历
3. **各种各样**： 各 行 各 业　　各___各___　　各___各___
4. **老有所乐**： 老有所 为　　老有所____　　老有所____

二、有感情地朗读下列句子，注意句子的语气和功能。

1. 自古以来，"读万卷书，行万里路"就是很多中国读书人求知的理想模式。
2. 实际上，你们每一个人都在努力实践着"读万卷书，行万里路"这句话。

3. "海阔凭鱼跃，天高任鸟飞。"

4. 你们的未来一定会更加美好！

5. 我的梦想就是让全世界的老人都能这样老有所乐。

6. 中文就是我的核心竞争力。

7. 我相信中文会为我的梦想插上翅膀。我坚信中国梦也是我的梦。

三、头脑风暴：三四位同学一组，分享临别赠言。

我的	
同伴分享的	

四、用下列生词和语言点，总结一下这段时间你在各方面的收获。

生词　度过、阅历、增长、见识、心里话、各种各样

语言点　以来、所+v.

一、请为想来中国留学的朋友制定一个简单的《留学中国攻略》。

二、头脑风暴。

请大家和朋友们交流一下，听听大家回国后会怎样利用各种资源进一步提高中文水平。

我的方法	
朋友分享的方法	

文化拓展

中国人常用诗歌来传达感情。猜一猜下列诗句传达的是什么样的感情？你还知道哪些表达类似感情的中文诗句吗？

长风破浪会有时，直挂云帆济沧海。——唐·李白《行路难》
莫愁前路无知己，天下谁人不识君。——唐·高适《别董大》
海内存知己，天涯若比邻。——唐·王勃《送杜少府之任蜀州》
劝君更尽一杯酒，西出阳关无故人。——唐·王维《送元二使安西》

第一课 请支持我

热身准备	1.心上人　　2.热心人　　3.知心人　　4.过来人
语言点讲练	一、比喻 1.她那粉红的笑脸好像红太阳。 2.她那美丽动人的眼睛好像晚上明媚的月亮。 二、拟人 1.月，洒下温柔的清辉。 2.今天，我们手携手，在星光下与清风共醉。 三、"而" 1.√　　2.√　　3.×　　4.√　　5.×
练习	一、模仿例子组词。 1.红人　　　　能人　　　　小人 2.渴望　　　　盼望　　　　奢望 3.先喝一杯　　先说一句 4.心上人　　　知情人　　　热心人
文化拓展	选字组词。 泪如雨下　　心如止水　　热情似火　　冷若冰霜 多如牛毛　　如鱼得水　　如雷贯耳　　风景如画

第2课 我是世界公民，你呢？

热身准备	猜一猜这些车牌属于哪里，并将车牌和所属城市连线。 京——北京　　苏——苏州　　浙——杭州 粤——广州　　沪——上海
语言点讲练	一、概数的表示方法 略 二、"您/你……啊？" 1.A　　2.C　　3.D　　4.B　　5.E 三、"不是有句话吗" 1.A　　2.C　　3.B　　4.G　　5.E　　6.F　　7.D
练习	一、模仿例子组词。 1.工业化　　　智能化　　　本土化 2.动力　　　　影响力　　　创造力 3.心愿　　　　心事　　　　心病 4.预习　　　　复习　　　　见习

热身准备

听歌填写歌词
你是不是像我在太阳下低头
流着汗水默默辛苦地**工作**
你是不是像我就算受了冷漠
也不放弃自己想要的**生活**
你是不是像我整天忙着追求
追求一种意想不到的温柔
你是不是像我**曾经**茫然失措
一次一次徘徊在十字街头
因为我不在乎别人怎么说
我从来没有**忘记**我
对自己的**承诺**
对爱的执着
我知道我的未来不是**梦**
我**认真**地过每一分钟
我的未来不是梦
我的心跟着希望在动
我的未来不是**梦**
我**认真**地过每一分钟
我的未来不是梦
我的心跟着希望在动
跟着希望在动
……

语言点讲练

一、排比
略
二、"固然……，但是（可是/不过）……"
略
三、"v.+于"
1. 用于　　2. 生于　　3. 建于　　4. 定于　　5. 倾向于

练习

一、模仿例子组词。

1. 离职	升职	入职
2. 毫不理解	毫不在意	毫不后悔
3. 白费心力	白费口舌	白费精力
4. 果然	突然	必然

第4课 申请奖学金

语言点讲练

一、"之"
略
二、句子衔接——解说
略

练习	一、模仿例子组词。
	1. 好奇　　　　好强　　　　好客
	2. 贵国　　　　贵处　　　　贵公司
	3. 口试　　　　初试　　　　复试
	4. 以内　　　　以下　　　　以前

第5课　国宝传奇

语言点讲练	一、"v.+有"
	1. 装有　　2. 刻有　　3. 留有　　4. 印有　　5. 画有
	二、"n.+中的+n."
	1. √　　2. √　　3. √　　4. √　　5. √　　6. √
	7. ×　　8. ×　　9. √　　10. ×　　11. √　　12. √
	三、设问
	1. 这件高46厘米、重16.7公斤的青铜器像什么动物?
	2. 什么鸟呢?
	3. 为什么起这个名字呢?

练习	一、模仿例子组词。
	1. 雅称　　　　代称　　　　通称
	2. 玉器　　　　银器　　　　漆器
	3. 高级感　　　成就感　　　自豪感
	4. 买家　　　　卖家　　　　上家

第6课　苏州园林

语言点讲练	一、"分别"
	略
	二、对比
	略
	三、假设复句中分句的顺序
	略

练习	一、模仿例子组词。
	1. 假牙　　　　假币　　　　假花
	2. 做法　　　　吃法　　　　读法
	3. 方形　　　　圆形　　　　菱形
	4. 味觉　　　　嗅觉　　　　触觉

文化拓展	吾爱亭　　城曲学堂　　筠廊　　藏书楼　　曲桥　　无俗韵轩

第7课　美国味儿，中国风

热身准备	1. 奇想花园　　2. 奇幻城堡　　3. 十二朋友园　　4. 迪士尼小镇

语言点讲练	一、"进行" 1. 比较　　2. 研究　　3. 融合　　4. 调查　　5. 了解 二、"值得一+v." 1. 值得一试　　2. 值得一读　　3. 值得一交 4. 值得一提　　5. 值得一看　　6. 值得一去 三、叙述顺序——按照空间场所变化的顺序 略
练习	一、模仿例子组词。 1. 全国　　　　全市　　　　全班 2. 茶园　　　　动物园　　　　植物园 3. 特点　　　　重点　　　　亮点 4. 好意　　　　古意　　　　善意

第8课　说话的艺术

语言点讲练	一、"相反" 略 二、"不但不（没）……反而……" 略
练习	一、模仿例子组词。 1. 胆量　　　　气量　　　　度量 2. 吃醋　　　　吃老本　　　　吃闭门羹 3. 热心　　　　诚心　　　　细心 4. 有意思　　　有趣　　　　有钱

第9课　没有小龙虾的夏天……

语言点讲练	一、"偏偏" 略 二、"随着" 略 三、"这" 1. BDCEA　　2. ACDBE
练习	一、模仿例子组词。 1. 菜单　　　　提货单　　　　清单 2. 夜店　　　　夜班　　　　夜路 3. 特色　　　　特征　　　　特产 4. 荤菜　　　　素菜　　　　招牌菜

第10课 "云"上生活

语言点讲练

一、"按照"
1. ×　　2. √　　3. √　　4. √　　5. ×
二、"经过"
略
三、"而"
1. 树叶的颜色会随着季节的变化而变化。
2. 他为尽快提高中文水平而来到中国留学。
3. 我们的世界会因人工智能的出现而大大改变。
4. 他经过多年的努力而获得了成功。
5. 他通过自身的努力而获得了奖学金。

练习

一、模仿例子组词。
1. 讨论课	面授课	汉语课
2. 列席	离席	还席
3. 谈论	辩论	理论
4. 福气满满	自信满满	健康满满

第11课 双十一

热身准备

1. A　　2. B　　3. B　　4. B　　5. B

语言点讲练

一、谐音
1. A　　2. B　　3. A
二、"其"
1. 如果用方形玻璃容器套在西瓜上，任其生长，西瓜就会长成方形。
2. 周有光以其对汉语拼音的制定和推广所作出的杰出贡献，被称为"汉语拼音之父"。
3. 我们学习新词时，一定要了解其用法。

练习

一、模仿例子组词。
1. 样式	中式	西式
2. 网恋	网申	网贷
3. 人造鸡蛋	人造草坪	人造卫星
4. 工作量	流量	产量

第12课 《梁祝》的诞生

语言点讲练

一、叙述顺序——按照时间变化的顺序
略
二、"只知其一，不知其二"
略

练习	一、模仿例子组词。 1. 鼓手　　选手　　对手 2. 编者　　参赛者　　竞争者 3. 确认　　辨认　　供认 4. 描述　　转述　　陈述
文化拓展	1. 西瓜　2. 洋葱　3. 胡萝卜　4. 番茄

第13课　有光一生，一生有光

语言点讲练	一、"始终" 1. √　　2. √　　3. √　　4. ×　　5. × 二、"多亏" 略
练习	一、模仿例子组词。 1. 想念　　挂念　　思念 2. 原件　　原图　　原地 3. 零距离　　零风险　　零容忍 4. 议案　　草案　　决议案

第14课　百年好合

语言点讲练	一、"为……所……" 略 二、"难得" 略
练习	一、模仿例子组词。 1. 婚书　　婚宴　　婚房 2. 新客　　新房　　新家 3. 互评　　好评　　差评 4. 留心　　留言　　留宿

第15课　中国梦，我的梦！

语言点讲练	一、"以来" 略 二、"所+v." 1. 林达在日记里讲述了她在中国的所见所闻。 2. 我希望能充分利用所学知识，实现我的梦想。 3. 我已经把我所知道的情况都告诉你了。
练习	一、模仿例子组词。 1. 幻想　　空想　　妄想 2. 履历　　病历　　简历 3. 各家各户　　各式各样　　各色各样 4. 老有所养　　老有所成　　老有所依

生词表

生词	拼音	词性	搭配	课文
爱心	àixīn	名（n.）	有～，充满～，一片～	1
按照	ànzhào	介（prep.）	要求，～计划，～惯例	10
暗示	ànshì	动（v.）	～别人，一再～，心理～	6
芭蕾舞	bāléiwǔ	名（n.）		4
白头偕老	báitóu-xiélǎo			1
百年好合	bǎinián-hǎohé			14
百战百胜	bǎizhàn-bǎishèng			5
伴奏	bànzòu	动（v.）	音乐～，钢琴～	12
包	bāo	动（v.）	～在……身上	1
背井离乡	bèijǐng-líxiāng		也说"离乡背井"	2
本地	běndì	名（n.）	～人，～话，～特色	2
本科	běnkē	名（n.）	～生，大学～，读～	4
必备	bìbèi	名（n.）	～条件，考试～	9
必定	bìdìng	副（adv.）		4
必要	bìyào	形（adj.）	～的准备，～时	8
碧海蓝天	bìhǎi lántiān			3
壁画	bìhuà	名（n.）	一幅～，一张～	7
便饭	biànfàn	名（n.）		10
标号	biāohào	名（n.）		13
标志	biāozhì	动/名（v./n.）	～进步；产品的～	14
标志性景点	biāozhìxìng jǐngdiǎn			7
别出心裁	biéchū-xīncái			6
冰镇	bīngzhèn		～饮料	9
并	bìng	副（adv.）		14
补	bǔ	动（v.）	～发，～作业	11
不安	bù'ān	形（adj.）	感到～，～的感觉	8
不敢当	bùgǎndāng	动（v.）	真是～，实在是～	1
不力	búlì	形（adj.）	办事～，沟通～	8
才艺	cáiyì	名（n.）	展示～，～表演	4
财务	cáiwù	名（n.）	～总监，～自由	7
采购	cǎigòu	动（v.）	政府～，～商品	10
彩虹	cǎihóng	名（n.）	一道～，美丽的～，雨后～	3
参与	cānyù	动（v.）	～管理，～投资，积极～	10

差距	chājù	名（n.）	有～，产生～，～很大	3
超过	chāoguò	动（v.）	～一万，～预期	9
超乎想象	chāohū xiǎngxiàng		超乎……的想象	11
朝	cháo	介（prep.）	～（着）	3
朝夕相处	zhāoxī-xiāngchǔ			15
陈列	chénliè	动（v.）	～整齐，～物品	7
称	chēng	动（v.）	自～，～……为，被……～为	6
成立	chénglì	动（v.）	～公司，～小组	12
成双成对	chéngshuāng-chéngduì			6
承诺	chéngnuò	动/名（v./n.）	～对方，正式～；我的～	1
城堡	chéngbǎo	名（n.）	一座～	7
吃货	chīhuò	名（n.）		11
吃亏	chīkuī	动（v.）	害怕～，吃大亏，～是福	8
翅膀	chìbǎng	名（n.）	一双～，插上～	15
充实	chōngshí	形（adj.）	生活～，内容～	10
崇拜	chóngbài	动（v.）	～科学家，～的对象，受到～	5
出入境	chūrùjìng	名（n.）		2
出色	chūsè	形（adj.）	～的成绩，～的老师，表现～	5
出生	chūshēng	动（v.）		2
出席	chūxí	动（v.）	～会议，准时～，～记录	10
初来乍到	chūlái-zhàdào			1
传播	chuánbō	动（v.）	～文化，～消息，迅速～	4
创新	chuàngxīn	动（v.）	勇于～，不断～	12
创意	chuàngyì	名（n.）	充满～，富有～	7
创造	chuàngzào	动（v.）	～纪录，～奇迹，～历史	10
创作	chuàngzuò	动（v.）	～音乐，～诗歌	12
从前	cóngqián	名（n.）	回到～，～的生活	8
搭	dā	动（v.）	～把手，～车	2
打理	dǎlǐ	动（v.）	～公司，～生意，～自己	3
打造	dǎzào	动（v.）	～形象，～平台，～品牌	7
大力	dàlì	副（adv.）	～发展，～支持	13
代价	dàijià	名（n.）	巨大的～，生命的～	3
担任	dānrèn	动（v.）	～重要工作，～领导	1
诞生	dànshēng	动（v.）	～地，～在	12
淡季	dànjì	名（n.）	旅游～，销售～	3
当场	dāngchǎng	副（adv.）	～决定，～解决	12
当选	dāngxuǎn	动（v.）	～班长，～为……	1
导致	dǎozhì	动（v.）	～后果，～损失	8

第一时间	dìyī shíjiān			1
典型	diǎnxíng	形（adj.）	~事例，~案例	2
点子	diǎnzi	名（n.）	金~，出~	9
叠加	diéjiā	动（v.）	~优惠，~折扣	11
订单	dìngdān	名（n.）	一笔~，完成~	9
动画片	dònghuàpiàn	名（n.）	一部~	7
读书人	dúshū rén	名（n.）		15
独具特色	dújù tèsè			7
度过	dùguò	动（v.）	~一段时间，~夏天	15
顿	dùn	量（mw.）	一~饭，骂一~	10
多达	duōdá	动（v.）		2
恶语	èyǔ	名（n.）		8
发表	fābiǎo	动（v.）	~意见，公开~，正式~	1
发生	fāshēng	动（v.）	~矛盾，~问题	2
发言	fāyán	名（n.）		8
番	fān	量（mw.）	一~解释，一~话	8
繁荣	fánróng	形（adj.）	经济~，~的城市	14
反而	fǎn'é	副（adv.）	~更好	8
方案	fāng'àn	名（n.）	合理的~，解决~	13
分别	fēnbié	副（adv.）	~有，~解决，~代表	6
风尚	fēngshàng	名（n.）	时代~，社会~，创造~	10
风俗	fēngsú	名（n.）	社会~，传统~	14
封地	fēngdì	名（n.）	一块~	5
奉献	fèngxiàn	动（v.）	~爱心，默默~	1
否认	fǒurèn	动（v.）	~事实，不可~	12
幅	fú	量（mw.）	一~画，一~地图	7
付出	fùchū	动（v.）	~代价，~感情，~时间	3
副	fù	量（mw.）	一~筷子，一~手套	14
富裕	fùyù	形（adj.）	~的生活	14
改编	gǎibiān	动（v.）	~原作，~成	12
改进	gǎijìn	动（v.）	得到~，~工作	14
改正	gǎizhèng	动（v.）	~错误，~缺点，~过来	11
概括	gàikuò	动（v.）	~意思，准确~	12
甘愿	gānyuàn	动（v.）		2
感想	gǎnxiǎng	名（n.）	发表~，个人~	12
高贵	gāoguì	形（adj.）	~品质，~气质	5
高见	gāojiàn	名（n.）		13
个头	gètóu	名（n.）	~大，~小	9

个性化	gèxìnghuà	动（v.）		15
各	gè	代（pron.）	～地，～种，～方面	1
各种各样	gèzhǒng gèyàng			15
耕种	gēngzhòng	动（v.）	～土地	6
工夫	gōngfu	名（n.）	花～，白费～	3
公民	gōngmín	名（n.）	世界～，社会～	2
公认	gōngrèn			6
攻击	gōngjī	动（v.）	人身～，恶意～，对……发起～	8
贡献	gòngxiàn	动/名（v./n.）	～力量；巨大的～，个人～	4
沟通	gōutōng	动（v.）	人际～，善于～，～文化	8
估计	gūjì	动/名（v./n.）	～一下，据～	2
辜负	gūfù	动（v.）	～期望，～信赖	1
古今交融	gǔjīn jiāoróng			12
鼓舞	gǔwǔ	动（v.）	～人心	3
固然	gùrán	连（conj.）		3
故事	gùshi	名（n.）	～精彩，讲～	2
观察	guānchá	动（v.）	仔细～，长期～	14
观众	guānzhòng	名（n.）		12
冠军	guànjūn	名（n.）	世界～，全国～，获得～	4
广场舞	guǎngchǎng wǔ	名（n.）	跳～	15
国籍	guójí	名（n.）	中国～，外国～	2
国际	guójì	形（adj.）	～会议，～关系，～化	2
国家大事	guójiā dàshì			5
国民	guómín	名（n.）		13
过意不去	guòyì búqù			10
过于	guòyú	副（adv.）	～劳累，～关注，～乐观	8
海派	hǎipài	名（n.）	～文化，～建筑	7
毫不犹豫	háobù-yóuyù			3
好言	hǎoyán	名（n.）		8
合格	hégé	形（adj.）	～的医生，成绩～	1
核心竞争力	héxīn jìngzhēnglì	名（n.）	～强，增强～	15
荷花	héhuā	名（n.）		14
蝴蝶	húdié	名（n.）		12
沪	Hù	名（n.）		2
花窗	huāchuāng	名（n.）	一扇～	6
唤醒	huànxǐng	动（v.）	～梦想，～味蕾	3
黄金时代	huángjīn shídài	名（n.）		4
绘有	huìyǒu	动（v.）		7

婚讯	hūnxùn	名（n.）		14
婚姻	hūnyīn	名（n.）	传统~，~生活，~幸福，~美满	6
火	huǒ	形（adj.）		9
吉祥	jíxiáng	形（adj.）	~如意，~话	7
极大	jídà	形/副（adj./adv.）	~的帮助；~地影响	13
籍贯	jíguàn	名（n.）	~北京，父母的~	2
计划	jìhuà	动/名（v./n.）	制定~；完成~	2
季票	jìpiào	名（n.）		7
继承	jìchéng	动（v.）	~遗产，~传统	12
佳偶	jiā'ǒu	名（n.）	一对~，~天成	6
佳肴	jiāyáo	名（n.）	美味~，美酒~，一桌~	10
价位	jiàwèi	名（n.）	~适中，~高	9
尖	jiān	名（n.）	~顶	7
简称	jiǎnchēng	名/动（n./v.）		12
见识	jiànshi	名（n.）		15
见证	jiànzhèng	动/名（v./n.）	~历史，~人；做~	10
建造	jiànzào	动（v.）	~楼房，~园林	7
键盘	jiànpán	名（n.）	电脑~，~侠	13
讲述	jiǎngshù	动（v.）	~故事	12
讲述	jiǎngshù	动（v.）	~故事，~历史	7
较为	jiàowéi	副（adv.）		4
接近	jiējìn	动（v.）		2
接受	jiēshòu	动（v.）	~申请，~道歉	4
结晶	jiéjīng	名（n.）	智慧~，爱情~	12
解读	jiědú	名（n.）	对……的~	11
仅	jǐn	副（adv.）		3
进行	jìnxíng	动（v.）	~了解，~解释，~学习	7
精华	jīnghuá	名（n.）	吸收~，文章的~	12
竞选	jìngxuǎn	动/名（v./n.）	~班长，~演讲；参加~	1
敬礼	jìnglǐ	动（v.）	此致……~，向……~	4
酒器	jiǔqì	名（n.）	一件~	5
就近	jiùjìn	副（adv.）	~购买，~上学，~求医	10
具有	jùyǒu	动（v.）	~价值，~影响力，	5
聚会	jùhuì	名（n.）	生日~，年终~	9
开发	kāifā	动（v.）	~新产品，经济~	9
开启	kāiqǐ	动（v.）	自动~，~闸门	10
开业	kāiyè	动（v.）	~典礼	7
客栈	kèzhàn	名（n.）	一家~，网红~	3

课堂活动	kètáng huódòng		参与～，设计～	10
孔雀	kǒngquè	名（n.）		4
口感	kǒugǎn	名（n.）	～丰富，～香甜	9
狂欢节	kuánghuān jié	名（n.）		11
困难	kùnnan	名（n.）	遇到～，解决～，许多～	1
来不及	lái·bují	副（adv.）	～完成，～学	9
懒得	lǎnde	动（v.）	～做饭	10
老板	lǎobǎn	名（n.）	当～，公司～，大～	11
老有所乐	lǎoyǒu suǒlè			15
乐队	yuèduì	名（n.）	民族～，管弦～，交响～	12
乐曲	yuèqǔ	名（n.）	动听的～，优美的～	12
乐趣	lèqù	名（n.）	享受～，充满～，学习的～	3
累计	lěijì	副（adv.）	～高达，～超过	9
冷淡	lěngdàn	形（adj.）	关系～，～下来	9
厘米	límǐ	量（mw.）		5
理想	lǐxiǎng	形/名（adj./n.）	～的生活，～的工作；我的～	1
力量	lìliàng	名（n.）	爱情的～，～很大，有～	3
力气	lìqi	名（n.）	有～，没有～	10
了不起	liǎobuqǐ	形（adj.）	～的人，～的成就	13
临别致辞	línbié zhìcí			15
留步	liúbù	动（v.）		14
麻辣	málà	名（n.）	～口味，～火锅	9
猫头鹰	māotóuyīng	名（n.）	一只～	5
毛病	máobìng	名（n.）	挑～，出～	14
冒昧	màomèi	副（adv.）		2
门槛	ménkǎn	名（n.）	降低～，提高～	13
民间	mínjiān	名（n.）	～艺术，来自～	12
民族	mínzú	名（n.）	一个～，～文化，～舞蹈	4
名副其实	míngfù-qíshí			7
明显	míngxiǎn	形（adj.）	～优势，～改变，效果～	6
摩洛哥	Móluògē	名（n.）		2
陌生	mòshēng	形（adj.）	～的地方，感到～	1
牡丹	mǔdān	名（n.）	一朵～，一株～	7
拿手	náshǒu	形（adj.）	～菜，很～	10
内涵	nèihán	名（n.）	丰富的～，文化～	13
念念不忘	niànniàn-búwàng			12
凝聚	níngjù	动（v.）	～心血，～人心	12
浓郁	nóngyù	形（adj.）	香味～	9

偶	ǒu		～数	6
偶然	ǒurán	形（adj.）	～的机会，～发现	15
抛砖引玉	pāozhuān-yǐnyù			13
配菜	pèicài	名（n.）	一份～	9
批评	pīpíng	动（v.）	～他人，被……～	14
皮毛	pímáo	名（n.）		13
脾气	píqì	名（n.）	～大，～温和	14
飘	piāo	动（v.）	～雪，～起来，～来	6
拼音	pīnyīn	名（n.）	～字母，汉语～	13
品鉴	pǐnjiàn	动（v.）		10
品牌	pǐnpái	名（n.）		11
平凡	píngfán	形（adj.）	～的生活，～的人	3
平台	píngtái	名（n.）	提供～，销售～，社交～	9
迫切	pòqiè	形（adj.）	～希望，～需要，心情～	4
普通	pǔtōng	形（adj.）		1
Q弹	Q tán	形（adj.）	口感～	9
期望	qīwàng	动/名（v./n.）	～成功；美好的～	1
奇迹	qíjì	名（n.）	屡创～，商业～，伟大的～	11
奇特	qítè	形（adj.）		8
启发	qǐfā	动（v.）	～学生，受到～	8
起起落落	qǐqǐ luòluò			3
气势	qìshì	名（n.）		6
前程	qiánchéng	名（n.）	远大～，～光明	2
桥梁	qiáoliáng	名（n.）	一座～，友谊的～	13
巧妙	qiǎomiào	形（adj.）	很～，～的安排	7
亲手	qīnshǒu	副（adv.）		10
亲自	qīnzì	副（adv.）	～设计，～参加	14
倾向	qīngxiàng	动（v.）	～于	3
求知	qiúzhī	动（v.）		15
球赛	qiúsài	名（n.）	一场～，举办～	9
娶	qǔ	动（v.）	～妻	14
全球	quánqiú	名（n.）		7
全心全意	quánxīn-quányì			1
热点	rèdiǎn	名（n.）	社会～，新闻～	3
热议	rèyì	名（n.）	引起～	3
人次	réncì	名（n.）		7
人工	réngōng	形（adj.）	～湖	13
人口	rénkǒu	名（n.）	常住～，城市～，～减少	2

人生赢家	rénshēng yíngjiā	名（n.）		5
人造	rénzào	形（adj.）	～革，～卫星	11
认定	rèndìng	动（v.）	～目标，专家～	13
认可	rènkě	动（v.）	一致～，官方～	13
日记	rìjì	名（n.）	写～，一篇～	14
日新月异	rìxīn-yuèyì		～的面貌，城市发展～	1
荣幸	róngxìng	形（adj.）	感到～，～地邀请到，我的～	1
融洽	róngqià	形（adj.）	关系～，气氛～，相处～	10
如此	rúcǐ	代（pron.）		4
如数家珍	rúshǔ-jiāzhēn		对……～	7
入味	rùwèi			9
闪闪发光	shǎnshǎn fāguāng			7
商朝	Shāngcháo	名（n.）		5
商家	shāngjiā	名（n.）		11
商业	shāngyè	名（n.）	发展～，～前景，～谈判	11
上万	shàngwàn			5
少见	shǎojiàn	形（adj.）		6
摄像头	shèxiàngtóu	名（n.）	开启～，打开～，关闭～	10
深藏	shēncáng	动（v.）		3
深造	shēnzào	动（v.）	继续～，到……～	4
神话	shénhuà	名（n.）	～传说，古代～，～故事	5
神秘感	shénmìgǎn	名（n.）	带有～，充满～	5
省	shěng	动（v.）	～心，～时间，～钱	10
失败	shībài	动（v.）	比赛～，考试～，任务～	10
诗歌	shīgē	名（n.）	经典～，原创～	1
十分	shífēn	副（adv.）	～方便，～适合，～重要	4
十三香	shísānxiāng	名（n.）		9
时光	shíguāng	名（n.）	～倒流，悠闲的～，大好～	3
时髦	shímáo	形（adj.）	～的衣服，思想～	2
时期	shíqī	名（n.）	一个～，特殊～	14
识别	shíbié	动（v.）	～能力，～出来，AI人脸～	13
实践	shíjiàn	动（v.）	社会～，～证明，～出真知	8
实力	shílì	名（n.）	经济～，～强，有～	1
实验	shíyàn	名（n.）	～室，～小组	12
食材	shícái	名（n.）	健康～，烹饪～，新鲜～	10
使者	shǐzhě	名（n.）		15
始终	shǐzhōng	副（adv.）	～坚持，～很认真	13
世界各地	shìjiè gèdì			1

视觉	shìjué	名（n.）	~体验，~享受	6
适应	shìyìng	动（v.）	~变化，~环境，~生活	10
适应性	shìyìngxìng	名（n.）	~强	4
收支平衡	shōuzhī pínghéng	名（n.）	达到~	7
首	shǒu	形（adj.）	~个，~位，~本	7
书本知识	shūběn zhīshi			15
疏远	shūyuǎn	动/形（v./adj.）	~朋友；感情~，关系~	9
输入法	shūrùfǎ	名（n.）		13
数据	shùjù	名（n.）		2
数量	shùliàng	名（n.）	人口~，产品~	2
说法	shuōfǎ	名（n.）		6
说实话	shuō shíhuà			8
私下	sīxià	名（n.）		14
思考	sīkǎo	动（v.）	认真~，~人生	8
思想	sīxiǎng	名（n.）	传统~，哲学~，表达~	2
四处	sìchù	名（n.）	~打听，~转转	3
素材	sùcái	名（n.）	创作~，收集~	12
蒜蓉	suànróng	名（n.）	~口味	9
蒜香	suànxiāng	名（n.）	~口味，~小龙虾	9
随处可见	suíchù kějiàn			7
所有	suǒyǒu	形（adj.）	~的努力，~的事情，~的东西	4
谈情说爱	tánqíng shuō'ài			6
探讨	tàntǎo	动（v.）	~问题，深入~，热烈~	4
讨论	tǎolùn	动（v.）	进行~，参加~，~会	10
特征	tèzhēng	名（n.）	性格~	7
提倡	tíchàng	动（v.）	值得~，~学习	13
提升	tíshēng	动（v.）	~销售额，~质量	11
天赋	tiānfù	名（n.）	一种~，有~，艺术~	4
亭	tíng	名（n.）	~台楼阁，~子	6
通用	tōngyòng	动（v.）	全年~，社会~	13
同年	tóngnián	名（n.）		12
铜	tóng	名（n.）	青~器，~壶	5
痛快	tòngkuài	形（adj.）	玩得~，~地答应	2
投入	tóurù	动（v.）	~工作，~学习，~实践	8
椭圆	tuǒyuán	名（n.）		6
外籍	wàijí	名（n.）	~学生，~人口	2
外交官	wàijiāoguān	名（n.）		15
亡羊补牢	wángyáng-bǔláo			11

王后	wánghòu	名（n.）		5
网购	wǎnggòu	动/名（v./n.）		11
为	wéi/wèi	动/介（v./prep.）		2
为时不晚	wéishí-bùwǎn			11
未知	wèizhī	名（n.）		3
位于	wèiyú	动（v.）	～苏州，～海边，～市中心	6
文盲率	wénmáng lǜ	名（n.）		13
文武双全	wénwǔ shuāngquán			5
问世	wènshì	动（v.）	作品～，成功～	12
舞蹈	wǔdǎo	名（n.）	～家，一段～，～学校	4
误会	wùhuì	名/动（n./v.）	造成～；～他人	8
先见之明	xiānjiàn-zhīmíng		有～	7
先走一步	xiānzǒu yíbù			1
鲜美	xiānměi	形（adj.）	味道～	9
鲜中带甜	xiānzhōng dàitián			9
显得	xiǎnde	动（v.）	～重要，～优秀	14
相等	xiāngděng	动（v.）	地位～，数量～	6
相反	xiāngfǎn	连（conj.）		8
相亲相爱	xiāngqīn-xiāng'ài			6
相同	xiāngtóng	形（adj.）	～的看法，～的爱好，～的地方	3
消费	xiāofèi	动（v.）	～者，～品，高～	11
鸮	xiāo	名（n.）	俗称"猫头鹰"	5
小龙虾	xiǎolóngxiā	名（n.）		9
协奏曲	xiézòuqǔ	名（n.）	钢琴～，小提琴～	12
写作	xiězuò	动（v.）	中文～，从事～	12
心里话	xīnlǐ huà	名（n.）	一句～，说句～	15
新闻	xīnwén	名（n.）	经济～，爆炸～	3
新意	xīnyì	名（n.）		14
信心	xìnxīn	名（n.）	很有～，增加～，获得～	1
性价比	xìngjiàbǐ	名（n.）	～高，～突出	6
雄伟	xióngwěi	形（adj.）	气势～，～的山	6
修改	xiūgǎi	动（v.）	～作文，～初稿，～计划	12
虚心	xūxīn	形（adj.）	～接受，～听取，～的态度	11
宣布	xuānbù	动（v.）	～消息，正式～	14
宣传	xuānchuán	动（v.）	～推广，～思想，广泛～	11
旋律	xuánlǜ	名（n.）	音乐～，～优美	12
学位	xuéwèi	名（n.）	取得～，～证书	4
严格	yángé	形（adj.）	管理～，～的要求	14

严肃	yánsù	形（adj.）	气氛～，～的表情	14
言外之意	yánwàizhīyì			8
言之有理	yánzhī-yǒulǐ			8
演讲	yǎnjiǎng	动（v.）	～比赛，进行～	1
夜宵	yèxiāo	名（n.）	吃～	9
一辈子	yíbèizi	名（n.）	相处～，～的朋友	3
一帆风顺	yìfān-fēngshùn			3
一致	yízhì	副（adv.）	～认为，～同意	14
以来	yǐlái	名（n.）	一直～，毕业～，长期～	4
以下	yǐxià	名（n.）		4
亿	yì	数（num.）	上～，十多～，几十～	11
艺术	yìshù	名（n.）		4
议论	yìlùn	动（v.）	～纷纷，私下～	14
意外	yìwài	形/名（adj./n.）	觉得～，～情况；发生～	14
引起	yǐnqǐ	动（v.）	～兴趣，～注意，～讨论	3
应有尽有	yīngyǒu-jìnyǒu			10
应运而生	yìngyùn-érshēng			11
英雄	yīngxióng	名（n.）	伟大的～，民族～，～精神	5
优秀	yōuxiù	形（adj.）	学习～，～品质，～人才	1
优异	yōuyì	形（adj.）	～的成绩，表现～	4
与众不同	yǔzhòng-bùtóng			5
预期	yùqī	动（v.）	～的效果，心理～	8
誉为	yùwéi	动（v.）	被～……	6
元素	yuánsù	名（n.）	基本～，中国～	7
园林	yuánlín	名（n.）	古典～，～建筑，一座～	6
园区	yuánqū	名（n.）		7
源远流长	yuányuǎn-liúcháng			13
远见卓识	yuǎnjiàn-zhuóshí			13
阅历	yuèlì	名（n.）	丰富的～，增加～	15
运送	yùnsòng	动（v.）	～货物，～伤员	9
赞成	zànchéng	动（v.）	一致～，表示～	8
造型	zàoxíng	名（n.）	～简单，独特的～	13
增长	zēngzhǎng	动（v.）	～知识，～见识	15
增进	zēngjìn	动（v.）	～友谊，～感情	4
赠	zèng	动（v.）	～送，买一～一，～品	11
展示	zhǎnshì	动（v.）	～产品，～能力，～实力	4
战神	zhànshén	名（n.）		5
战友	zhànyǒu	名（n.）		5

战争	zhànzhēng	名（n.）	发生~，一次~，~时期	5
掌握	zhǎngwò	动（v.）	~情况，全面~，准确~	8
障碍	zhàng'ài	名（n.）	沟通~，排除~，设置~	13
珍贵	zhēnguì	形（adj.）	特别~，~的机会，~的东西	4
真正	zhēnzhèng	形/副（adj./adv.）	~的朋友；~地了解	15
支持	zhīchí	动（v.）	~工作，互相~，非常~	1
知己	zhījǐ	名（n.）		5
直播	zhíbō	动（v.）	~课，在线~，~间	10
只好	zhǐhǎo	副（adv.）		10
指教	zhǐjiào	动（v.）	多多~	1
至少	zhìshǎo	副（adv.）		4
志愿者	zhìyuànzhě	名（n.）	当~，奥运会~	1
制定	zhìdìng	动（v.）	~方案，~法律	13
制造	zhìzào	动（v.）	~产品，中国~，~出来	11
制作	zhìzuò	动（v.）	~礼物，~精美	14
智能	zhìnéng	名（n.）	人工~	13
中西合璧	zhōngxī hébì			12
逐渐	zhújiàn	副（adv.）	~改变，~提高，~减少	11
主观	zhǔguān	形（adj.）	~想法，~条件，~愿望	11
主流	zhǔliú	名（n.）	~思想，~模式，~支付方式	11
主张	zhǔzhāng	动/名（v./n.）		2
煮	zhǔ	动（v.）	~面条	10
住宅	zhùzhái	名（n.）	居民~，~环境，一所~	6
祝愿	zhùyuàn	动（v.）	衷心~	10
转身	zhuǎnshēn	动（v.）	~离开	3
装饰	zhuāngshì	动/名（v./n.）	~房间；~品	14
状况	zhuàngkuàng	名（n.）	经济~，身体~，天气~	11
资格	zīgé	名（n.）	有~，具备~，失去~	6
自荐信	zìjiàn xìn	名（n.）		4
总共	zǒnggòng	副（adv.）	~六包，~五个，~多少	11
总体	zǒngtǐ	名（n.）	~情况，~设计，~上	10
组合	zǔhé	名/动（n./v.）	天才~；~资源，互相~	12
最佳拍档	zuìjiā pāidàng	名（n.）		7
尊	zūn	名（n.）	酒~	5
尊重	zūnzhòng	动（v.）	值得~，互相~	8
作品	zuòpǐn	名（n.）	完美的~，代表~，经典~	12